凤凰师轩
FENGHUANG SHIXUAN

行知工程
创新教学探索系列

让教学更能激发智慧

『思维碰撞』课堂的建构与实施

程和方 著

RANG JIAOXUE GENGNENG JIFA ZHIHUI
SIWEI PENGZHUANG KETANG DE JIANGOU YU SHISHI

江蘇鳳凰教育出版社
Phoenix Education Publishing, Ltd

图书在版编目（CIP）数据

让教学更能激发智慧："思维碰撞"课堂的建构与实施／程和方著. —南京 ：江苏凤凰教育出版社，2016. 8

ISBN 978-7-5499-5736-1

Ⅰ. ①让… Ⅱ. ①程… Ⅲ. ①课堂教学—教学研究—中小学 Ⅳ. ①G632. 421

中国版本图书馆 CIP 数据核字（2016）第 097302 号

书　　名	让教学更能激发智慧——"思维碰撞"课堂的建构与实施
作　　者	程和方
责任编辑	雷利军　张晓兰
出版发行	凤凰出版传媒股份有限公司 江苏凤凰教育出版社（南京市湖南路 1 号 A 楼　邮编 210009）
苏教网址	http：//www. 1088. com. cn
照　　排	北京世纪鸿文制版技术有限公司
印　　刷	三河市九洲财鑫印刷有限公司
厂　　址	河北省三河市灵山大口
开　　本	787 毫米×1092 毫米　1/16
印　　张	13
字　　数	226 千字
版　　次	2016 年 8 月第 1 版　2016 年 8 月第 1 次印刷
书　　号	ISBN 978-7-5499-5736-1
定　　价	30. 00 元
网店地址	http：//jsfhjycbs. tmall. com
邮购电话	025-85406265，85400774　短信　02585420909
E - mail	jsep@vip. 163. com
盗版举报	025-83658579

让师生充分绽放生命的美丽

——记泰安市实验学校校长、党委书记程和方

徐　洁

引领群雁飞翔的，不是领头雁的叫声，而是它的飞翔！

2010年2月，程和方担任泰安市实验学校校长、党委书记，还未赴任，就有人善意地提醒他："这所学校有幼儿园、小学、初中三个学段，分东、西两个校区，拥有近8000名师生，还是泰安市对外窗口式学校，可能不太好管理……"程校长充满自信地说道："一所学校和一个人一样，名声越大困难越多，声望越高问题越难以解决，但在全校师生的共同努力下一定会发展得越来越好的。"

程校长之所以能如此坦率而自信，源于他自身的能力与水平，也源于他丰富的教育经历。20多年的教育之路，留下了他翱翔天空的轨迹——曾任新泰市新汶中学教导主任、新泰市教研室主任、新泰市第三中学校长、新泰市教育局副局长、泰安市教育局业务科室负责人、泰山学院附属中学校长，他是山东省科研创新校长、山东省百名优秀校长、山东省齐鲁名校长建设工程人选，曾荣获"全国教育系统劳动模范""泰安市专业技术拔尖人才"等荣誉称号。有如此丰富的教育经验，程校长怎可能被未来的困难吓倒？以人为本，让教师、学生充分绽放生命的美丽，不断提升办学思想、完善教学实践，是他永远追求的教育理想。

与美国校长的哲理对话

初秋，美国康涅狄格州曼斯菲尔德中学寂静幽深的校园里，程校长与该校柯安捷校长漫步交谈。

"在美国的考察过程中，您印象最深的事情是什么？"柯安捷校长微笑着问。

"树！"程校长若有所思地回答。

柯安捷校长惊讶地睁大了眼睛，这个回答显然出乎他的意料。

"我发现在美国，树不是被修剪得特别直，而是自由生长的。无论走到哪里，感觉都像是在原始森林里漫步，眼之所见的树是真正自然生长且强壮的树，但中国校园里的树与这里的树不同。"程校长略微沉吟了一下。

"在中国，我们希望树木都成为栋梁之材，一旦长出分枝来，就要将其修剪掉，不允许它有多余的枝干。结果呢，应该长成参天大树的却无法'秀于林'。灌木怎么修剪也成不了乔木，树藤怎么浇灌也直不起身子，本来它们都各有所用，结果却迷失了自己……"

程校长望着远处层林尽染的峰峦若有所思地说："学生正像树一样，我们应该让学生享受学习，让他们成为人格完善的人，成为自由、健康生长的生命个体。即使他成不了栋梁之材，也应当是大自然中不可缺少的、美丽的生命。"

中美不同的育林观，映射出两国对教育的不同追求。程校长的这段话，道出了他对中国教育的思考，也道出了他对学校素质教育实践的诉求——将灵性还给学生，将童心还给学生，将时间还给学生，将能力还给学生，让学生在优美的生态校园中适性发展。每个人都是大自然中不可或缺的美丽生命，学校教育要将生命美丽绽放的机会还给学生，这就是程校长真正追求的"道法自然"。

《周易》云："形而上者谓之道，形而下者谓之器。"基层校长很容易落入"器"的窠臼，程校长从"道"的层面审视学校管理，从容不迫，游刃有余，已经把管理提升到了较高层次的境界。

信任是最好的管理

"有境界自成高格"，不经过实地考察与深入了解，往往难以发现程校长管理方法的高妙之处。无论在哪所学校，程校长带出的领导班子，都是特别能"战斗"、特别能吃苦、特别有成效的。这背后的秘密到底是什么呢?

笔者怀着好奇之心走访了学校的老师，老师们深有感触地说："程校长并不是仅靠上级、法律赋予的权力来管理学校的，更主要的是靠他的人格魅力。他的品德、学识、情感使他具有一种影响力、号召力，能让人感受到他的信任和威望!"

"程校长的管理，不是处处提防、监督，而是极大的信任，他把信任看作管理的开始。他认为每位干部、教师都是努力工作的，他相信大家有能力把工作做好。他总是激励大家，以最大限度地发挥每一个人的能力，展示每一个人的水平。这给了我们极大的工作空间。"这是泰安市实验学校李思远副校长的切身体会。

对于学校干部，程校长坚持尊重和信任的原则，用其所长。一来到泰安市实验学校，程校长立即阐明了自己的"三项原则"，即坚持集体领导和分工负责相结合；责任、权力、利益相结合；大胆使用与调控有力、及时指导相结合。他要求管理人员要树立“五种意识”：“一只手表”意识——决定了的事情就要统一行动；“私企生存”意识——要善于科学决策，要具备创新能力；“零借口”意识——工作不能推诿，要强化执行力；“居安思危”意识——在其位谋其政，为学校前途着想；“换位思考”意识——从教师的角度想问题，为教师办实事。程校长的信任像一块基石，使领导班子建设有了稳固的基础，使各位中层干部增强了责任感，他们在程校长的鼓励和引领下，敢于放开手脚，大胆地、创造性地开展工作，努力干实事、干好事，在成就工作的同时也成就着自己。

信任和尊重是工作顺利开展的前提。程校长到泰安市实验学校做的第一件事，就是针对学校管理问题征集意见和建议，教师们纷纷提出合理化建议，为学校决策奠定了民意基础。他做的第二件事就是取消了学校实施多年并被认为是管理法宝的“指纹签到”，无声地把信任传递给了每一位教师。事实证明，教师工作有其自身的特殊性，人性化的管理方式能促进工作的有效开展。比如，学校体育组教师因学生训练需要，常常要晚来晚走，常常错过“签到、签退”。然而，之前并没有对这一情况加以考虑，而是强制实行统一的“指纹签到”。一些教师对此心怀怨言，导致工作热情减退，课外特长活动也因此停了下来。程校长采用了灵活处理的方式，根据体育教学工作特点对体育组的要求进行了调整，教师们的工作时间灵活了，工作积极性也大大提高了。体育组组长律卫东感慨道：“校长的信任增强了大家的责任心，让体育组的工作充满了活力。”

“教师”是学校第一资源

孔子说：“己欲立而立人，己欲达而达人。”程校长提出了“教师第一”的管理理念，即把教师作为学校发展的第一资源。他坚定地说：“在学校，教师作为对学生实施教育的主体，是学校中最积极、最活跃的因素。教师的教育水平决定着教育对象的发展水平。教师拥有优先发展权。”

教师拥有优先发展权

教师优先发展，是为了让教育越来越充满艺术，越来越充满真情。在这一管理理念的支撑下，程校长带领团队，通过在常规工作中的制度建设，为教师发展提供平台和支持。

重建学校教职工代表大会，修订并完善教职工考核制度与结构工资制度，注重其反馈、促进和导向功能，充分调动教职工的工作积极性。

实施教师成长与培训“五年倒计时”规划。学校每年外派教师参加各种培训，同时在暑假、寒假举行为期两周的学校自主培训，提高教师的业务水平。

为每位教师建立成长档案，内容包括教师发展五年目标及年度目标、具体实施策略、倒计时安排、教师自我反思、学习体会、教育收获及案例分析等内容，使教师的发展目标更明确，对教师的个性化成长起到促进作用。

培训是教师最好的福利

程校长不论到哪所学校都坚持把教师培训放在首位。

鼓励教师读书成长。学校每年为教师订购160余种理论学习书籍及报刊，给每位教师发放《给教师的建议》《陶行知名篇精选》等教育理论书籍，在全校形成浓厚的读书氛围。

做好教师网络教研。学校为教师配备了笔记本电脑，完善了校园网站。鼓励教师组建"教科研博客群"，让教师能随时把教研活动和集体备课录像、课堂反思、教学随笔等发到校园网上进行交流。

每周一次班主任论坛。通过开展班会观摩、专家报告、案例分析、经验交流等活动，促进了班主任的成长。

实施"青蓝工程"。教学师徒和班主任师徒结对；通过"创新课""研究课""基本功大赛""省市优质课获奖教师汇报课"等教学活动，促进了教师的成长。

充分发挥教师的专长

程校长认为，校长最重要的工作就是培养教师的专长，充分利用教师的长处，挖掘教师的潜能。

泰安市实验学校的崔成林老师，多年来执着地进行着课堂教学研究，他进行的"新双基"课堂教学改革实验已在山东省小有名气。在程校长到任前，他担任着初中政教处副主任的职务，但这不是他擅长的工作，而且与他的课堂研究方向也不太吻合。程校长到任后，把他调到了教务处工作，崔老师这时如鱼得水，一头扎进课堂中，挖掘教师特长，"提取"课堂"素材"，"培育"课堂教学特色，把多年的教研心得用于指导青年教师，工作得有声有色，在省内外产生了广泛影响。许多学校都聘请他担任课改指导教师，他还多次受邀赴外地做学术报告。

"尺有所短，寸有所长。"每个人都是一个独立的存在，每个人都不可能完美。努力挖掘教师的长处，弥补教师的短处，这就是程校长教师管理的秘诀。

最关心的事是课程建设

程校长说："在教育教学工作中，我最担心的事是课程建设。课程不仅是师生的消费品，还是师生成长的营养品。"无论到哪所学校，程校长都注重强化教师的课程意识，注重引导教师在"课程活化"与"课程开发"方面进行深入的探索。

程校长带领大家学习创新教育的有关理论，指出"课程活化"的基本思路是由国家课程到学校课程，由学校课程到教师课程，再由教师课程到生本课程。学校教学管理干部感慨道："多年的课程改革实践让我们认识到，没有课程意识就没有真正的课程改革，教师首先应该是一个课程工作者，然后才是教学工作者。"

积极推进课堂教学改革

高效课堂到底是什么样的？程校长组织教师对此展开了研讨，并在此基础上制订了《泰安市实验学校课堂教学改革标准评价指南》，成为引领课堂教学改革的纲领性文件。"问题引领，互教互学，外化共享"的学习方式，是泰安市实验学校课堂教学改革中的重点。

学生走上讲台开"讲坛"

八年级学生李英夫，在老师的帮助下开设了"历史讲坛"。李英夫的班主任说，在一次晚会上，李英夫表演了一段名为《一路高升》的相声，由此发现他的语言表达能力很强。之后，为了锻炼学生的表达能力，班主任要求每位学生都要根据自己的兴趣爱好设定一个话题，然后讲给大家听，没想到李英夫一讲历史，学生和老师就被他极强的语言表达能力和生动有趣的演讲吸引了，于是为他开设了"历史讲坛"。有教师反映："新课程改革实施好多年了，我们也知道学生是课堂真正的主人，但是在课堂上要真正落实学生的主体地位，却总是把握不准。针对这个问题，程校长带领教师们一起深入课堂听课、磨课，不断探讨解决问题的方法。随着讨论的深入，教师发挥学生主体地位的意识逐渐增强了，并自觉不自觉地在课堂上使用起来了。"

大力开发实践课程

学生的学习不能局限于课堂，而要走向学校、家庭、社会、自然。学校以开展实践课程为着力点，融学校、家庭、社会多方教育力量，以培养学生的创新精神和实践能力为重点，以搭建学生走向幸福人生的阶梯为目标，自主开发了多元化、系列化实践课程体系。

"把生活资源的时代活水引入课堂，交给学生有生命的历史……组织学生走进社区，开发课程资源……利用课外时间和学生一同参观，记录历史故事，查阅与之有关的资料……在后来的课堂上，学生个个争先发言，学习情绪分外饱满，课堂气氛空前热烈，实现了历史教学与社会、生活的联系，教会了学生用历史的眼光观察世界。"这是《人民教育》杂志对泰安市实验学校教师课程建设的报道。

为填补学校课程设置的空白，开拓学生的视野，学校积极邀请家长进校开设课程，有专长的家长自告奋勇为学生上课，比如，腰鼓队、京剧兴趣小组等。家长所开设的课程还涉及礼仪、环保、安全、科普等多个领域，一些知识和技能是学校无法提供但学生又必须具备的。家长课程与学校的正式课程互为补充，推进了学校的课程改革。在校本课程的开发过程中，学生参观、访问，调研父母、邻居、研究人员，从图书馆、档案馆借阅资料，到有关企业了解经营情况，利用电脑整理文字材料和进行版面设计，亲身体验实践的艰辛与愉悦，获得了丰富的人生经历和体验，达到了成长的目的。

使学生成为幸福的存在

"使学生成为幸福的存在，是每一个教育者的使命。"这是一次访谈时，程校长所说的话。

把育人放在首位

程校长尤其注重育人工作，他认为学校教育首先应该是使学生"成人"，然后才是成才，不能本末倒置。他提出校长的决策能力、中层的执行能力、教师的育人能力应该是学校的核心竞争能力。

来到泰安市实验学校，他第一次听课，执教教师找了一个学习成绩相对较差的学生回答问题，这名学生站起来后支支吾吾，回答的内容与问题风马牛不相及，引来一阵哄笑，执教教师并没有注意到这些。程校长敏锐地抓住了这一细节，评课时指出："道德教育不是讲大道理，而是抓住每一个教育细节。学困生不会回答时，应该得到师生的帮助，而不应是耻笑和轻视，这不仅伤害了学生的自尊心，也反映出我们道德教育的缺失，反映出我们的整体道德水平需要提高。当我们普遍能做到主动帮助弱者时，才能说我们的道德水平达到了较高的水准，反之，需要做的工作还很多很多。"

为打造泰安市实验学校特色德育模式，程校长与相关人员一起构思、制订了德育计划，包括社会实践篇、节日教育篇、自主管理篇、特色活动篇和多元评价篇。

社会实践篇。高度重视将校内活动和社会实践相结合，不断创新德育实践活动的形式，让学生在实践中体验教育、实践教育、接受教育。学校与青年路派出所、市消防支队、市交警支队、泰安革命烈士陵园、徂徕山革命遗址等单位建立长期合作关系，与泰安市军分区民兵训练基地、坦克营和岱庙等地建立综合实践活动基地，与市城市管理综合行政执法局共同建立“少年城管学校”，与泰山区人民法院共建“青少年法制教育基地”；组织红领巾“护绿队”，开展市容调查工作；成立“泰山小导游分队”，利用泰山丰富的旅游资源，开展“我讲家乡山水美，争当文明泰安人”活动。

节日教育篇。把重大节日和民俗节日作为教育素材，做好育人文章。如三八妇女节，鼓励学生为妈妈做一件事、唱一首歌、送一份惊喜；清明节，组织学生瞻仰烈士纪念碑，开展相关演讲和征文比赛；五四青年节，举行中学生篮球赛，丰富学生的文化生活。此外，还利用“教育月”“宣传日”开展以“弘扬雷锋精神”“祖国在我心中”“今日说法，宝贝当家”“过民俗文化年”等为主题的教育活动，提高学生的公民意识，增强学生的社会责任感。

自主管理篇。尊重学生的主体地位，从干部竞选到民主评议，从参加各类集体活动到评优树先，倡导学生“自己的阵地自己建设，自己的事情自己管理，自己的活动自己设计，自己的形象自己塑造”，使学生变“他律”为“自律”，变“要我做”为“我要做”。升旗、课间活动、路队、静校、自行车排放等，都让学生亲自参与，自主评价，让参与、合作、竞争的意识渗透到学生的常规活动中。

特色活动篇。学校的管理要严格细致而又充满人性化。小学开展“弯弯腰，捡起垃圾”“低低头，拾起失物交老师”“抬抬脚，爱护小草”等活动，体现对人的尊重、关心和爱护。初中进行“迈好四个第一步”教育，即“迈好入学第一步”“迈好自立第一步”“迈好青春第一步”“迈好人生第一步”；开设校园“知心姐姐信箱”，倾听学生心声，帮助学生解决困惑，在师生间架起一座友谊的桥梁。

多元评价篇。承认并尊重学生的差异，从多方面衡量学生，发现每个学生的闪光点和潜能。针对学生个体发展水平的评价，小学实施“十、百、千”表彰工程。“十”即十类表彰项目：文明小公民、礼仪小标兵、守纪小模范、家长小助手、劳动小模范、艺术小明星、体育小健将、环保小卫士、优秀小干部、学习小标兵；“百”即每个称号表彰一百名优秀学生；“千”即全校每学期表彰一千名优秀学生。在初中进行学生综合素质评价改革，树立“不以分数论英雄”的评价理念，实行多元评价：荣誉申请制——未来就是现在；综合素质评价——自己就是评委；标志性成果展示——特长就是优势；无分数评价——过程就是成绩；评语改革——对话是评价更是激励；积分评价——积分就是成长；等等。以此为德育工作营造良好的制度环境和舆论环境。

此外，学校还探索“智慧德育”的路子，即运用教育智慧培育学生的“道德智慧”。以“听得懂，看得见，摸得着，做得到”为标准开展德育活动，引导学生将各种德育要求逐渐内化为自己的行为和习惯。

打造“文化博览会”

泰安市实验学校原来有一个传统品牌活动“文化大集”，这项活动已经坚持了十几年，但随着岁月的流逝，其内涵及活动形式已经显露出疲态。“新领导上任忌讳的就是推倒重来，能让传统优势保持并焕发出新的生命力，也是一种创新能力。”程校长的胸怀是开放和宽广的，他用前瞻性的管理理念、踏实的工作作风，引领着学校的发展。他对学校传统的“文化大集”进行了改革，打造了“文化博览会”，包括“文化大集”“跳蚤市场”、义卖活动等。

回归文化本真。每一种活动的开展都要经历一个雏形、演变、进化、成熟的过程，如果内容不变、形式不新，最终就会被淘汰。学校本着“营建模拟市场、体验真实生活，感悟合作竞争、增进团结协作”的指导原则，把“闹市”搬进了学校，开创了“文化大集”，让学生在“市场”交易的空间里，感受竞争，其体现的是“社会主义市场经济”的理念，目的是引导学生了解社会、理解人生。这是正确的选择，但任何事情都应与时俱进，不能够抱残守缺。随着社会的发展，人们认识到文化不能“以经济为中心”，理应回归本真、回归理性、回归文化内涵。基于此，把“文化大集”打造成传统文化和民俗文化的教育场，成为学校德育活动改革的方向。

赋予新的内涵。开办“跳蚤市场”，把学生的资源激活，坚持“以活动促体验、以体验促发展”，为学生开辟广阔的体验空间，搭建多样化的体验平台。追求艺术特色，让“文化博览会”体现艺术美与教育美的融合；体现文化特点，彰显学生个性，展示奋发向上的精神面貌和乐于奉献的精神品质；设立小记者团，让学生得到更多锻炼，让学生在采访同学、家长、老师的过程中收获新的体验和感受……以艺术带给学生灵动，让文化赋予活动底蕴，为这种新道德教育活动的开展注入了新的活力。

凸显爱的价值。组织义卖活动，本着让学生“参与实践、体验生活、奉献爱心”的思想，引领学生在活动中形成更高、更有意义的价值追求。活动之前，各班先通过主题班会充分了解活动开展的意义，以此来培养学生高度的责任感和良好的集体主义荣誉观。义卖所得全部捐给市盲童学校或其他需要帮助的孩子，让学生在爱的行动中体会到爱的价值。

让更多的孩子参与。“全员参与、共同快乐、共同发展”，不论学习是差是好，不论个头儿是矮是高，不论嗓音甜美与否，不论年级是低是高，让每个学生都参与到活动中来，最大限度地激发学生参与活动的积极性，以集体荣誉感带给学生成长的动力，最大限度地发掘活动育人的积极作用。

2010年5月底，学校的“文化博览会”如期召开。“文化博览会”坚持以活动为中心，以实践为载体，以体验促成道德与文化素养的形成。

师生联欢，同歌共舞，精彩节目，亮点层出。校合唱队一曲《朝霞》唤得浮云片片，和风拂面，将《歌声与微笑》洒满联欢现场。一年级学生的《让我们荡起双桨》，轻歌曼舞，摇起了美丽的童年梦想。三年级学生的《童心飞扬》，在优美的旋律中变换出活泼的乐章。中华武术，名扬四方，四年级学生的《中国功夫》技惊全场，尽放武术光芒。初中学生的电脑绘画充满创意，电子报纸图文并茂。在家长才艺展示区，家长的书画、泥塑、茶道表演、细腻手编等个人才艺展示令学生眼界大开。

看着学生热情的舞蹈、旋转的指尖篮球，听着学生充满爱心的朗诵，我们不得不想这样的问题：什么才是学生想要的生活？

“文化博览会”拓宽了学生的学习空间，延伸了学校的德育渠道，拉近了学校教育与家庭教育之间的距离，架起了学校教育与社会教育之间的桥梁。家长激动地说：“学校把‘文化博览会’开到校园生活中，不仅让孩子把旧书、旧玩具利用起来，学会了节约，还让孩子体验到多种角色，展示了孩子的才干，同时让孩子学会了推销自己……真不愧为与时俱进的一流学校！”

泰山岩岩，人文荟萃。教育家孔子、孙复、范明枢在这里留下了他们兴教治学的足迹。“我见青山多妩媚，料青山见我应如是”，泰山一片葱茏，作为泰山之子的程校长，为了心目中最繁硕、最具生命力、最生机盎然的教育新绿洲，正脚踏实地、无怨无悔地永往直前！

Contents 目录

第一章

课堂改造的方向性思考

第一节　我校课堂改造的起因

一、泰安市实验学校的校情

自古以来，泰山就以“五岳之尊”成为帝王封禅之所，墨客登临之地，积淀了深厚的历史文化底蕴；泰安市作为崛起中的国际旅游城市，中外文明在此融合发展，现代风尚日益显现。

泰安市实验学校就坐落在这片融古纳今、海汇中外的沃土之上。泰安市实验学校是一所九年一贯制学校，创建于1963年。学校现有东、西两个校区，幼儿园、小学、初中三个学段，现有教学班130多个，在校学生7000多人，教职工300多人。

学校始终坚持全面推进素质教育，坚持科学管理和改革创新，坚持推行教科研兴师强校战略，注重德育的针对性、实效性和创新性，以“促进学生全面发展，不断提高校园文化建设、以德施教、依法治校水平”为理念，办学规模逐年扩大，教学质量和办学水平始终走在同类学校前列。学校先后荣获全国优秀家长学校、全国创新教育名校联盟百强名校、山东省义务教育教学示范学校、山东省教师职业道德建设十佳先进集体等国家、省、市级荣誉160多项。建校以来，校舍面积从9000多平方米增加到了现在的60000平方米。

近年来，学校与美国康涅狄格州爱德华兹中学、日本桥本市柱本小学、韩国泰安郡小学校、南非西开普省中学等十余个国家和地区的学校建立了姊妹校关系，曾承担全国中小学校园文化建设论坛、山东省小学语文年会、山东省中小学新道德教育实验课题会等国家、省级会议。

学校重视未来发展，积极打造浓郁的校园文化，以文化引领学校的长远发展，努力提升自身文化品位，发展学校文化内涵，在长期实践过程中，继承与创新并重，从浓厚的地域文化出发，依托泰山精神，形成了学校独特的校魂——“育泰山之子”。学校借泰山之势，乘改革之风，不断吸取先进的教育思想和教育理念，以自身发展为导向，将科学教育和人文教育整合，形成了强大的文化力，促进了学校的跨越式发展。

泰安市实验学校内蕴传统灵魂，外展世界眼光，用文化打造学生健康成长的摇篮，以校魂带领学校蓬勃发展，不断提高自身的竞争力和创新力，勇于开拓，创造辉煌未来！

二、教育认识与追求

新课程改革已经进行了多年，但是我们的中小学课堂还没有达到预期的目标，改革任务依然艰巨。课堂教学改革本质上是教学文化的改良与改造，改革只有触及教学文化层面，才可能使现实的课堂离我们心目中的高效课堂越来越近。

20多年的教育生涯，其中做了3年的高中校长，5年的初中校长，6年的九年一贯制学校校长，屈指算来，已担任校长14个年头，我几乎天天在思考：真正的教育是什么？随着工作单位和岗位的变迁，我越来越感到这个话题的沉重，越来越感到这个话题的无法回避性。

1. 真正的教育是什么

在我看来，真正的教育就是回归本质、回归本源的教育，而不是附加了功利、使命以及种种精神枷锁的教育，不是附加了诸多美好名词的教育。教育原本就不复杂，学校一切教育教学活动的落脚点就是培养人、发展人。

我比较倾向于杜威的教育观点——"教育即生长"，他言简意赅地道出了教育的本义——使每个人的天性和与生俱来的能力都得到健康生长。反观我们现在的教育，学生入学第一天时，是那样的纯真，那样的渴望学习，然而，当他们完成基础教育学业后，却变成了痛恨学习、痛恨读书、痛恨教育的人。想想学生毕业时集体扔书发泄的场景，想想书店经典书籍无人问津的场面，这不能不说是我们的教育的遗憾，不能不引起我们教育工作者的反省和深思……

来到泰安市实验学校后，我提出了"让学生阳光、健康、幸福地学习成长"的办学理念，目的就是寻找教育回家的路。

2. 我的学生成才观

在我国，不论是家庭教育还是学校教育，人们总是期望把孩子培养成栋梁之材，而不考虑把孩子培养成实用型人才。为什么会这样呢？我认为，一是"精英教育"思想在作怪，二是"学而优则仕"的"官本位"思想在作怪。学生学习不是为了将来服务社会，而是想"出人头地""升官发财"，这种错误认识影响着我们的办学理念，也影响着我们的学生观、成才观。我们的教育总希望把每一个学生都培养成"参天大树"，却忽视了社会需要各种各样的人才，特别是专业技术人才。

每个学生都是大自然中不可或缺的美丽生命。真正的教育应该"道法自然"，将童心还给学生，将时间还给学生，将能力还给学生，让他们每一个人都绽放出自我生命的美丽。

自然界没有完全相同的两片树叶，世界上也没有完全相同的两个人，每个学生都是独特的、不可替代的，每个人都可以发挥自己的光和热。基于这样的学生观、成才观，我们变革了传统“三好学生”的评比方法，实行了“学生荣誉申请制”，即学期初，每个学生要为自己申请荣誉（即近期目标），并自己制订荣誉标准，学期末，根据学生学期初申请的荣誉进行评比，凡是经过努力达到了自己所提出的荣誉目标的学生，就可以获得该项荣誉称号。这种新的评价方法，最大限度地激活了学生发展的内驱力，取得了良好的效果。此外，我们还组建了各类学生社团，比如，文学社、动漫社等，为学生搭建张扬个性的舞台；举办“五大节日”（三月体育节、四月英语节、五月科技节、十月读书节和十二月艺术节），向学生传递这样一个信息：特长就是优势，自信就会成功。通过这些活动，培养学生的创造力，使学生获得全面发展。

3. 我的课程开发观

要让学生健康成长，就要给学生提供适合他们成长的阳光、土壤和水分。学生成长像植物一样，都有自己的独特需求，这就需要我们开设适合学生个性成长的课程。教师首先应该是课程工作者，然后才是教学工作者；学校教育最重要的任务应该是为学生的成长提供最好的营养品，也就是适合学生的课程。为此，我们一方面要做好“减法”，规范办学行为，另一方面还要积极做好“加法”，创造性地开发三级课程。

（1）国家课程校本化

学校重点做的工作是对国家课程的校本化。我校在全面落实国家课程计划的同时，积极进行了国家课程校本化的研究和探索，鼓励教师调整课程结构，通过选择、改编、整合、补充、拓展等方式，对国家课程进行校本化、个性化的再加工、再创造，使课程更符合学生的个性、需要和学校的特点。为此，我们开展了“初中国家课程校本化实践研究”课题研究，成立了涵盖初中各学科的课题小组，积极进行教学资源重组和教学优化设计。校本化课程研究，使国家课程得到了有效拓展和充分利用。

（2）开发“五大行动课程”

“读书成长”实践课程。以学校教育为主导，以读书活动为载体，以构建书香校园为支撑，开展读书成长活动，培养学生的科学精神与人文情怀，让学生学会读书，喜欢读书，在读书中成长。通过“读书成长”实践课程的开展，营造浓厚的读书氛围，以此提高师生的文化素养，为学生的幸福人生打上儒雅的底色。

“感悟自然”实践课程。以学校教育为主导，以家庭周末互助游为载体，实施感悟自然计划，让学生在神奇的大自然中获取灵感。如语文学科中以“泰山文化”为主的“文化思索”综合实践活动，让学生在行走中体验，在体验中感悟，在读写中升华情感。这些活动能引领学生亲近自然，使学生用心去感悟自然的神奇，从大自然中汲取精神和力量，进而尊重自然，热爱生命，与自然界和谐相处。

“生活科技”实践课程。以家庭教育为主导，以科技兴趣活动为载体，实施生活科技计划，让学生感悟科技的伟大力量。“生活科技”实践课程激发了学生的探索精神。

“走向社会”实践课程。以社区教育为主导，以走进社区活动为载体，以家校合作为支撑，实施走向社会的计划，让学生在体验人生的过程中健康成长。组织学生参加农业劳动，和农村孩子手拉手、共同生活与交流；利用节假日，让学生跟随父母上一天班，体验父母的认真工作和辛勤付出；组织红色之旅、爱国基地考察等活动，为学生搭建起通往社会的桥梁。

“人生设计”实践课程。以学校教育为主导，以开展人生成长设计活动为载体，将“人生设计”作为一门课程，帮助每个学生制订个性发展计划，鼓励学生彰显自己的个性，支持每个学生在自己喜欢的领域获得更快、更好的发展，让学生走个性化成长之路。

（3）开发社会资源课程

我校在校生有7000多人，每位学生身后至少有2位家长，也就是说，我校储存着1万多家长资源。而且我校地处泰城中心区，家长普遍学历高、文化程度高。而学校教师资源有限，无法开设更多的校本课程。在这种形势下，学校和家委会经过反复讨论，决定发动家长，让有特长的家长进校担任教师，把不同领域的知识和技能带进课堂，传授给学生，拓宽学生的知识面。

家长义教。上学期，先后有289位学生家长走进小学课堂，开发了艺术、体育、科技、安全、泰山文化、道德教育、趣味学科、社会与生活、卫生与健康九大系列二百余种课程。开设课程的家长，来自各行各业，有学者、教师、医生、军人、领导干部，也有建筑工人和农民工。家长义教活动，弥补了学校教育资源短缺的问题，为拓宽学校课程建设找到了一条新路，使我校的课程开发产生了倍增效应。

家长义工。对于学生的安全问题，社会、家长、学生都高度关注。尤其是这几年，出现了一些学校安全事件，学校和教师在管理时捉襟见肘。经学校与家委会协商，决定组织家长志愿者进入校园，做学生课间安全护理员。没想到，家委会发出通告后，当天报名的家长就有1000多名，“家长义工”就这样诞生了。家长义工活动，大大调动了家长参与教育的积极性，减轻了学校的管理负担，形成了强大的家校教育合力，为学生健康成长创造了有利条件。

4. 我的教师发展观

对学校而言，什么最重要?

当然是培养出具有创新意识、品学兼优的大批人才，这是社会对学校的要求，也是学校自身发展的要求。但就学校内部而言，如何才能实现这一目标?要靠高素质的教师队伍。教师作为实施教育的主体，是学校中最积极、最活跃的因素。教师的教育水平决定着教育对象的发展水平。因此，我认为，作为校长应该树立“教师第一”的思想，没有教师做保障，“学生第一”只会是空中楼阁。

“教师第一”，意味着教师在学校中拥有优先发展权。我常常思考：为什么有些教师仍然会通过体罚这一简单粗暴的手段对学生实施“教育”，这样的教育会给学生留下什么?反观所有的优秀教师，他们都有一套针对不同学生的有效教育手段，在无形中对学生实施着引导和教育。简单粗暴的教育手段怎么能培养出有个性、有创造性的学生?教师优先发展，就是转变教师的教育观，让体罚学生的事件越来越少，让学生的个性得到充分的发展。

“教师第一”，意味着用有限的资源办最需要的事。我认为，培训是教师最好的福利，在改善学校硬件的同时，我校积极进行教师培训。

凡是在泰安市举行的教育培训活动或研讨会，学校一定尽可能多地让教师报名参加；外地有好的典型需要去学习，学校会毫不犹豫地组织教师参加。学校每年还会外派教师参加各种培训，2010年，我校派教师外出学习达100多人次。

为鼓励教师多读书，学校每年订购160余种理论学习书籍、报刊，以此在学校形成浓厚的读书氛围。为了做好教师网络教研，学校投资为每个教师配备了笔记本电脑，更换了校园网站硬件设备，做到了每个办公室都能上网，这样更有利于教师查阅资料。

学校坚持走出去、请进来，邀请专家来我校进行专题辅导讲座，邀请省、市教研员给教师进行面对面的辅导，组织教师参加多种形式的培训学习。充分利用“齐鲁名校长协作组”平台，组织教师参与山东省名校间的交流活动，与济南、聊城、临沂等地的六所学校开展了同课异构和经验交流活动，让教师们从对比中获得提升，在校际交流中得到锻炼和成长。

"教师第一",意味着学校工作应围绕教师发展这一主题而展开。"教师第一",决定了要充分发挥教师的专长,挖掘教师的潜能。

5. 我的教学育人观

我们经常听到一句话"以德育为首位,以教学为核心"。德育是首位,教学是核心,那么是德育重要还是教学重要呢?这个问题困扰着学校的发展,也困扰着教师的教学行为。我认为,德育和教学都是育人,教学应该为育人服务,也就是教师在教学中应该把育人放在第一位。

只管教书,不顾育人,这种教育是失败的教育。我们应当明确:教育不仅只有从知识走向道德这一条路,还有一条是从道德走向知识的更宽阔的路。

谈到育人,人们想到的首先是德育活动,德育需要活动支持,但只靠活动解决不了学生的所有思想问题,我们还要抓住课堂教学这块阵地,在课堂教学中进行德育。

行为养成在细微处,品德养成在活动中。要把育人落到实处,从干部到教师,都要真正把德育放在首要位置,让德育成为每个教职工的常规工作和自觉行动。我校提出把育人能力作为教师发展的核心内容,强调"育人第一"。对于学校育人工作我有五点意见。

第一,抓好学生的养成教育,进一步细化管理要求,加强学生日常行为的引领和习惯培养;第二,加强德育活动建设,实现活动育人和情境体验,只是说教的德育既打动不了人也收效甚微,应进一步丰富德育活动的内容和形式,与学生社团和青少年俱乐部相结合,充分利用学生的课余时间,使活动常态化,把德育活动建设成我校的特色项目;第三,深入挖掘课堂的育人功效,课堂应先育人后教书,要关注情感、态度、价值观方面的教学目标;第四,继续强化班主任队伍建设,进一步实施和完善全员导师育人制,初始年级要尝试双班主任制度;第五,正确处理德育和教学的关系,德育活动应提前规划,使德育工作与教学工作协调发展,实现育人质量和教学水平双提高。

第二节　育泰山之子

季羡林先生曾赞誉泰山为"国之魂魄,民之肝胆"。他认为,泰山是中华文化的主要象征之一,欲弘扬中华文化,必先弘扬泰山文化。泰山象征着中华精神,千百年来为我们树立起一座文化和精神的丰碑。站在泰安市实验学校初中部的教学楼上仰望泰山，近在咫尺，向东仅仅百米之遥就是闻名天下的岱庙。泰安市实验学校作为一所在泰山脚下成长起来的学校，在文化建设中处处都体现着育泰山之子的校魂。

一、有知识、有思想

对于学生，我们历来反对单一评价，而是采用多元评价让学生健康快乐成长，多元发展。我认为，一个好学生首先应该是个率真的孩子，要诚实，不能欺骗他人；要保持良好的生活习惯；要拥有健康的身体和心灵。并不是成绩不好的学生就不是好学生，只要为之付出努力了，就是好学生。基于此，我们将“育泰山之子”作为我们的校魂。

育泰山之子，就是让学生拥有自信和豪情。学校对学生普及阳光教育，培养学生的攀登意识，激励学生树立坚定信念，努力向上，追求人生的制高点。通过“文化博览会”等活动充分调动学生的主动性，培养学生的创造能力，锻造学生的可持续发展能力，让学生在实践中学会沟通，学会交流，形成阳光心理。

育泰山之子，就是培养学生具备泰山人的博大胸怀和健康体魄。学校在教与学的过程中，重视学生的健康发展和个性展现，实施“十、百、千”表彰工程，承认并尊重学生的差异，善于发现学生的闪光点，让学生形成乐观自信、积极向上的品格，成长为脚踏实地的泰山人，成长为雄健挺拔的泰山之子。

育泰山之子，就是培养幸福学子，为祖国的建设培育明日栋梁。学校全力改善教学设施，提升教育质量，完善服务水平，在丰富学生知识的同时举办德育活动，积极引导学生养成好习惯，形成好品格，保证学生的人生驶向正确的轨道，以品德养成奠基学生的幸福人生，以细致入微的工作为学生构建起幸福的天空。

二、做别人的榜样

在学校文化建设与提升的过程中，我们的校训是“做别人的榜样”。榜样即楷模。做别人的榜样就是要做值得别人学习的人，这是一种对自身至善的追求和不断超越。

做别人的榜样，就是激励师生追求光明和真理，以泰山为模范，不断塑造自己的人格，不断超越自己，致广大而尽精微，事必尽善，物必尽美，止于至善，成为别人学习的标杆和楷模；学校用实际行动努力做到最好，力求达到最佳境界，以“做齐鲁示范名校，创泰山教育品牌”为目标，争做他人榜样；师生时刻以自身为镜，以他人为镜，“择其善者而从之，其不善者而改之"，不断完善自己，时刻以"榜样"身份要求自己，注重自身修养，立德润品，以高尚的言行完善个人道德水平。

"做别人的榜样"为师生树立了目标和方向，要求师生坚持不懈，以榜样的力量激励自我，感召自我，最终一步步走向卓越。学校努力以"做别人的榜样"为目标，力求打造精品教育，成就美好未来。

三、超越前面的攀登者，阳光、健康、幸福

"超越前面的攀登者"是我们的学校精神。超越即超过、胜过。超越前面的攀登者，就是志在顶峰，不断赶超他人而走向成功，这是一种鞭策自我、勇于挑战的进取精神。它提醒师生永不能满足于现状，要不懈攀登，以卓越为追求，立高处而达远志，从而持续前进，实现自身的不断进步和提高。

"超越前面的攀登者"体现了"直上危巅休怯险，登天毕竟要雄才"的豪情和"持之以恒，勇攀高峰"的泰山神韵，是一种赶超前人的卓越追求。以此为学校精神，定能促进师生的不断进步和持续发展，同时，师生的超越精神又能带动学校的进步，推动学校以优异的教育成绩打造出卓越的泰山品牌。

"让学生阳光、健康、幸福地学习成长"是我们的办学理念。

如何能够成为阳光学生？我认为要做到以下五方面：一是纯真；二是有健康的心理；三是善于沟通，有问题及时与老师、家长或好朋友沟通；四是爱笑；五是与积极向上的人交朋友。

健康是基础。人首先要有一个健康的身体，否则就会影响生命的质量，那就谈不上幸福了；其次要有一颗健康上进的心。

生命只有一次，我们要敬畏生命。要使生命得到延续，就要保证身体健康。身体健康就是"1"，我们的财富、荣誉等都是"1"后面的"0"，如果没有健康的身体，这一切就都不存在了。因此我们要通过积极的锻炼保证身体的健康，在平时的游戏活动中更要注意安全，不让身体受到伤害。

幸福是一种体验。首先，做任何事，都要有目标，实现了目标，就会有成功的满足感，离预定目标越近，幸福感就越强。同时，要根据自身的能力制订目标，一个无法达到的目标是无法带来幸福感的。其次，做自己喜欢的事。喜欢美术课，每次画画都会感到很幸福。做自己喜欢的事和自己喜欢的人相处，学会感恩和回报都是幸福的。

学习和活动是学生成长不可缺少的因素，学生更喜欢通过活动来学习知识。我们要知道，学习与活动并不矛盾，所学知识要在活动中加以运

用、体验、实践，知识只有通过活动和应用才能转化为能力，而且重要的不是掌握了多少知识，而是能力提高了多少。

第三节　我校课堂改造的目标

一、国内课堂改造的启示

21世纪伊始，我国开展了轰轰烈烈的新一轮基础教育课程改革，随着改革的推进，课堂上的一些传统弊端开始被扫除。一项统计显示，当前的知识学习中，无须教便已基本掌握的学生占20％～30％，自己能看懂的学生占20％左右，需要教师教过之后才能弄懂的学生占20％左右，教师教了之后还掌握不了的学生占30％左右，那么，面对这样的群体，需要我们在课堂改造中做些什么？面对有差异的学生，教师在学习中的角色是什么？教师应该如何组织学生学习？课堂教学改革有一个共同点，就是在课堂教学中最大限度地解放学生，把课堂还给学生。要解放学生、把课堂还给学生的秘诀有三个，即课前大预习、课堂大交流、课后大反思。

综观当前国内课程改革成功的部分学校，他们都有着自身的特点。

江苏省泰兴市洋思中学减少教的时间，创立了“先学后教，当堂训练”的课堂教学模式；江苏省南京市东庐中学以讲学稿承载备课，以讲学稿支持预习，以讲学稿控制作业；山东省聊城市杜郎口中学让预习进课堂，让学生站讲台，让墙壁挂满黑板。认真思考以上学校的课堂改造实践，我们有以下思考：自学在学习活动中的比重是多少？支持学生有效自学的措施与载体是什么？如何将关注点从课堂延伸到课前与课后？怎样建立能有效促进学生学习交流的机制与环境？

当前的课堂改造正逐步从“对话中心的课堂”发展到“任务中心的课堂”，这就需要教师为学生设计前置性学习任务，也就是为课堂学习做必要的准备。前置性学习任务并非简单的提前作业，而是将“学习点”拆成需要思考的问题，让学生在完成的过程中暴露其理解的过程，这不仅是对知识的梳理，还是为学习做铺垫，体现着学科的性质与教学方法。

教师需要在上课前掌握学生前置性学习任务的完成情况，以了解学生的预习情况、知识掌握情况，从而进行有针对性的教学。同时，教师在课堂教学中需要为学生呈现多样化的随堂任务，大致分为记录性随堂任务、思考性随堂任务、训练性随堂任务、运用性随堂任务和反馈性随堂任务等。

二、国外课堂改造的启示

综观当今世界各国的课堂教学改革活动，我们不难发现，所有的改革都是为了最大限度地激发学生学习的积极性、主动性，确立学生的主体地位，并在此基础上促进教学过程由知识的掌握、传授向知识的运用与发现过渡。从中我们得到了以下启示。

1. 体现学生的主体地位，培养学生小组合作和自主学习的精神

联合国教科文组织国际教育发展委员会在《学会生存——教育世界的今天和明天》一书中指出："我们应该从根本上重新评估师生关系这个传统教育大厦的基石，特别是当师生关系变成统治者和被统治者关系的时候。"世界各国的教育家和教育实践工作者也逐渐认识到，学生应是教学过程中的真正中心，教学中的任何活动、教师所做的任何努力，都是为了使学生具有主动学习、自主学习的能力，掌握自我摄取知识的方法。在课堂教学中，教师的任务是教会学生学习，同时，让学生拥有团队意识，学会在小组合作中进行探究学习。

2. 课堂学习与社会实践相结合

把课堂教学扩大到社会实践活动中，把课堂上接受知识的过程与社会实践活动中运用、发现知识的过程有机结合起来，通过大量的社会调查、实习等实践性教学活动，使学生获得运用知识和发现问题的能力。

3. 教学过程体现出个别化、个性化

学生在知识、能力、兴趣、特长和个性品质等方面千差万别，随着社会对人才素质需求的多样化以及现代化教学手段不断进入课堂，国外的课堂教学正在积极探索以个别化或个性化的教学替代或部分替代集中性教学。当前，国外课堂教学的个别化和个性化发展趋势主要有两个方面的表现：一是现代化教学手段、新的信息传播手段所带来的对师生生活空间旧有限制的冲击，使得学生可以根据自己的能力水平自定学习进度，并可超越时空限制，实现教与学的个别化。例如，翻转课堂和微课程，都已对教学活动产生了巨大影响，使学生可以在任何时间、任何地点按照自己的学习进度进行个别学习活动。二是现代科学对学生个性差异的研究及社会对学生独立性的要求引起了师生关系的变化，并由此导致了课堂教学的个别化和个性化，其强调改善课堂教学结构，以学生的独立活动来替代班集体的统一活动，给学生更多的展现个性的机会。如个性化教学法、合同教学法和问题教学法等。提倡个别化或个性化的教学方法，是尊重学生差异的一种积极有益的探索。

三、城市学校课堂改造的选择

在课堂改造中，我们应在教学理念和教学方式上呈现出以人为核心的价值追求，城市学校在进行课堂改造时需要重视以下几个方面。

第一，重新定位学校的道德教育，重视对学生公民意识的培养。在学生的道德教育培养上，我们除了要进行爱国主义教育、政治教育等，还应进行有关人权意识、宪法意识、规则意识、生态意识、公德意识、自由与平等意识的教育。

第二，重视对学生自主合作能力的培养，加强课堂中的互动。要突出学生在教学活动中的主体地位，想方设法为学生创建思维活动的空间，进而培养其动脑和动手的能力。努力实现生生交流、组间交流、师生交流的多向教学互动，进而提高学生的观察能力、思考能力、想象能力和顿悟能力。

第三，培养学生的质疑能力和创新意识。教师不仅要引导学生去质疑、答疑，还要让学生主动说，让学生用自己的语言来表达对课堂内容的理解。同时，还要鼓励学生挑战教师、挑战教材，甚至“异想天开”。这一做法有利于提高学生的创新能力。

第四，对学生实行多元评价。不能仅仅依赖考试这一种评价方式来促进学生的发展，还需要从其他方面对学生进行多元评价，真正实现对学生学习本身的关注与促进。

第五，开门办学，充分利用多种资源。“社区义工”能让学生在社区活动中得到许多实践性资源。“家长义教”能让学生接触到更多专业人士及更多新鲜知识，从而在学校和社会之间架起沟通的桥梁。

城市学校的课堂应该呈现出“三声”“三话”“三交”的状态。

“三声”是掌声、笑声、辩论声。一节好课应该有掌声、笑声、辩论声，掌声有给教师的、有给学生的，笑声说明大家很感兴趣，辩论声说明学生都进行了思考。

“三话”就是学生在课堂上讲自己的话、讲真实的话、讲有创见的话。课堂上能不能有“三话”，不在于教师提问的多少，如果学生回答的都不是自己的话、不是真实的话、不是有创见的话，只是回答标准答案，这样的话是没有意义的。

“三交”就是让课堂变成充分交流的平台、交锋的平台、交融的平台。所有的文化都是在交流、交锋、交融中发展的，只有如此，文化才能实现增值。

由此，我校创立了“思维碰撞”课堂。“思维碰撞”课堂主张从“贮存”到“产出”的课堂改造理念，注重让学生在搜集、探究、展示、反馈的过程中获得学习成果，体验习得知识的成就感，增强完成任务的自信心，从而达到构建知识、启迪思维、提升智慧的目的。

第二章

何谓“思维碰撞”课堂

第一节 “思维碰撞”课堂的内涵

“思维碰撞”课堂，是以思维差异为资源，以多维对话为形式，以交互反馈为保障，重在培养学生的批判性、创新性等多种思维能力的课堂，其目标是把学生培养成符合社会发展需要的、独立的、有思想的合格公民。

“思维碰撞”课堂立足于思维方式和课堂文化的变革，努力为学生创设对话、争辩的机会，让学生各抒己见，发表自己不同的见解，碰撞出智慧的火花。

一、以思维差异为资源

学生个体的差异性和独特性是思维碰撞的源泉。传统课堂教学强调统一：统一的课程、统一的作业、统一的答案、统一的静听……然而，每个人都是独立的个体，世界上没有完全相同的两个人，也不会有完全相同的两种思维。这种思维差异的现实存在，是“思维碰撞”课堂的宝贵资源，是培养有思想的人的“天然粮仓”。下面通过一个教学片段来看看如何利用思维差异这一课堂教学资源。

《桃花源记》教学片段

王 昕

（大屏幕出示陶渊明画像及“世外桃源”一词，配以悠扬的古乐。）

师：同学们，看到屏幕上的这个词语你想到了什么？

生：我想那一定是一个神秘的地方。

生：我觉得可能是一个很幸福的地方。

生：那里的人一定无忧无虑。

生：我觉得那里仙气缭绕，人们衣袂飘飘。

师：陶渊明笔下的世外桃源到底是什么样的？就让我们一起走进神秘的桃花源吧。哪位同学给大家说说你是如何预习的？

生：找出不会读的字词，查字典，标注读音。

生：我会在翻译的时候把不明白的词语标注出来。

生：读熟课文。书读百遍，其义自见。

生：我会把重点词语的意思写下来，并把预习时遇到的问题写在问题单上。

……

师：在文言文的学习中，预习非常重要，我总结了一下大家的预习方法，大致有以下四点：读准字音；读准断句；通译全文，理解重点词语的含义并标注出自己不明白的字词；就文章的结构与内容提出自己的问题。

不同的学生有不同的预习方法，汇集在一起便形成了较为完整的有关预习的方法。案例中，教师把学生的“各抒己见”进行梳理归纳，总结出了预习文言文的四个要点，这就是把学生的差异变成课堂教学资源。课堂上，观点不同、理由不同、结论不同、思路不同、答案不同、评价不同……不同的学生对于同一知识的理解角度、深度、广度不同，这都是极好的课堂教学资源。此外，由问题情境引发的教学冲突、疑问或暴露的错误，也都是很好的课堂教学资源。教师要善于利用这些资源，不断地追问，引导学生去探究、反思，使学生在互动中发现问题、解决问题，这样的课堂才会高潮迭起、火花迸射。

二、以多维对话为形式

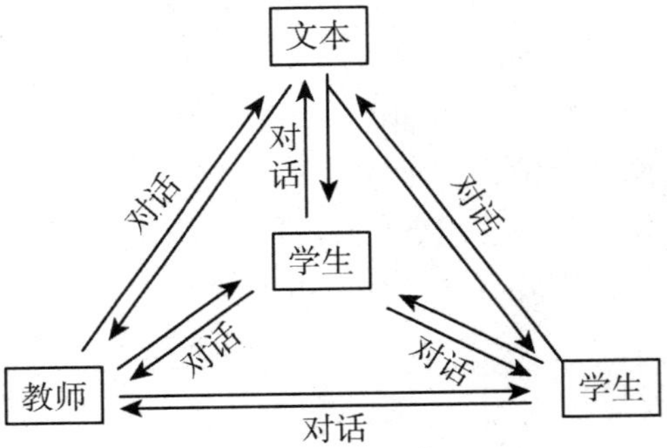

从学校社会学的角度来看，学生是在对话、交往和交流中实现自身价值的，“思维碰撞”课堂恰当、合理地构建了对话模式，使学生处于课堂教学的核心地位。在思维碰撞中，实现了学生与教师、学生与文本、学生与学生的对话，赋予了对话、交流和碰撞丰富的意蕴，并从实践的层面彰显了学生的主体地位。

“‘只有八岁的小女儿金吉娅沉默不语。’读‘沉默不语’这个词时要往下压一压，因为金吉娅这时很难受。”

“我不同意你的看法，我认为应该是……”

……

这是三年级语文课上学生们的精彩发言。他们回答问题时小手如林，入情入境的朗读仿佛天籁，表达的完整性及准确性都令人大吃一惊。

三、以交互反馈为保障

布卢姆指出：“掌握学习策略的实质是群体教学并辅之以每个学生所需的频繁反馈与个别的矫正性帮助。”

“思维碰撞”课堂提出了在反馈基础上再反馈的创新主张：教师提问—学生首答（第一次反馈）—师生提醒、补充、纠正、质疑、拓新、评价—再反馈（第二次反馈），这样学生就可以针对某个问题各抒己见，表达不同的意见，以交互反馈的形式实现了课堂的生生对话和师生对话。

“功臣？罪人？——如何引导学生正确评价历史人物”教学片段

付华旺

师：下面我们来评价一下张学良。

生：张学良是个功臣！

生：他是个罪人！

生：张学良既是功臣也是罪人！

场面一时难以控制，教学计划被打乱，只能改变教学策略。

师：同意张学良是“功臣”“罪人”“既是功臣也是罪人”的学生请分别举手，分成三个小组，各小组讨论后选出代表，说说你们的看法及理由，找出令人信服的证据。（由此渗透给学生评价历史人物的方法：必须论从史出，史论结合）

五分钟后——

生：（功臣说）张学良发动了西安事变，囚禁了蒋介石，逼蒋介石抗日。最后蒋介石答应了停止内战，联共抗日，进而促成了抗日民族统一战线的形成，为抗日战争的胜利奠定了基础。

生：（罪人说）九一八事变后，张学良执行了蒋介石的不抵抗命令，导致东北三省全部沦陷，东北人民生灵涂炭，沦为亡国奴，所以他是中华民族的罪人。

生：（既是功臣也是罪人说）张学良发动了西安事变，促成了抗日民族统一战线的形成，从这方面看他是功臣。九一八事变后，张学良没做抵抗，导致东北三省全部沦陷，从这方面看他又是罪人。

师：说他是功臣是因为他发动了西安事变，促成了抗日民族统一战线的形成，为抗日战争的胜利奠定了基础，这一行为有利于中华民族的利益，也有利于世界人民的利益；说他是罪人是因为他执行了蒋介石的不抵抗命令，命令东北军不做抵抗，导致东北三省全部沦陷，给中国人民带来了灾难。可见我们评价历史人物的标准是看他对本国家、本民族的历史发展有何作用，对人类社会和世界历史的发展有何作用。

师：金无足赤，人无完人。通过刚才同学们的讲述，我们已经知道了张学良既有过，也有功。所以评价历史人物要采取一分为二的方法，而且功要说透，错要讲明。

师：纵观张学良的一生，虽有过，但对于他“促进了抗日民族统一战线的形成”这个功来说，功大于过。况且他“不做抵抗，致使东北三省全部沦陷”这个过也是因执行蒋介石的命令而造成的，所以我们要给予张学良充分肯定。

只有让学生最大限度地暴露自己的思维，才有利于学生的发展。交互反馈，即反馈应答后的再反馈，是“思维碰撞”课堂的法宝。

四、“思维碰撞”课堂的特点

“思维碰撞”课堂具有问题性、生成性、民主性、增值性。

问题性。没有引发认知冲突的问题，就无法激发思维碰撞，在“思维碰撞”课堂上，学生的主体角色须从知识接受者转化为问题提出者。

生成性。思维碰撞实质上是从预成性思维到生成性思维的转换，是一种动态生成的教学活动。

民主性。没有民主平等的教学文化，就不会出现平等的对话；没有民主、平等的生生对话与师生对话，就不会产生真正的思维碰撞。

增值性。思维碰撞能够引发智慧的火花，这种火花往往预示着在学生的认知结构中产生出新信息（新知识），这正是思维碰撞的创新成果。

第二节 “思维碰撞”课堂的构建依据

一、基于现实

1. 教学现状：思维教学的荒芜

传统教学以记忆为中心，教师关注的是内容和效率。学生出错后，教师只是简单地告诉其正确答案以节约时间。长此以往，这样的教学就会成为学生思维的“屠宰场”，使得学生懒于思考。

2. 学生现实：缺乏批判性思维

批判性思维是创新思维的基础，直接决定着学生的创造能力和实践水平，而我国学生普遍缺乏批判性思维。在当前的信息时代，如果不培养学生的批判性思维，学生就会被来自不同渠道的大量信息所淹没，难于辨别是非，这会给学生的发展和社会的进步造成极大的危害。

二、基于理论

1. 对话性教学

对话是一种民主、平等的有声或无声的信息交流，是教育者为深刻把握文本的语言、情感、内涵而组织的师生之间、生生之间、师生与文本之间的多元交流活动。告别独白与灌输，走向对话与研究，是我国教学改革的基本方向。

2. 互惠性学习

互惠性学习提倡学生在课堂学习中充分表达自己的见解和看法，在互相学习、取长补短、共同进步的过程中知疑、解疑、发展思维与品格。

三、基于实践

我们发现，在课堂改造实践中我校不少教师对“让课堂焕发出生命活力”的理解较浅显。在他们的课堂上，学习活动中没有以问题解决为目的的生生对话和师生对话，而是出现了“一问一答式的全体参与、交流互动；以表现为本的自编自演、说学逗唱；‘廉价’评价下的小手林立、争先恐后；教师讲变成学生讲、教师问变成学生问的知识搬迁”等一系列问题。如果不能解决这些具体问题，教师的课堂改造热情就难以维持。

第三节 “思维碰撞”课堂的基本要素

一、以问题为基础，引发思维

《义务教育数学课程标准（2011 年版）》在总目标中指出，通过数学学习，学生能够运用数学的思维方式进行思考，增强发现问题、提出问题、分析问题、解决问题的能力。

问题是思考的开始，是开展思维活动的钥匙。课堂上要让学生进行思维碰撞，关键是有能够激起学生认知冲突和思想交锋的话题。“思维碰撞”课堂反对“问题碎、活动散、思维浅”的教学行为，主张将学生的注意力集中在对二三个核心问题的寻证或辨析上，从学生的生活经验出发设计问题，注重问题的开放性和探究性。因而，需要教师整合教材、研究学生、精心设计优质问题，以引发学生的思维碰撞，加深学生对问题的理解，进而产生思维成果。

那么，优质问题具有什么特征呢？

1. 优质问题具有清晰的内容关注点

教师在设计课堂问题时，必须考虑下面的问题：“我应当在哪些具体课程内容的基础上提出问题？”即考虑内容关注点，这是问题设计中较难的部分，因为教师不仅要考虑学生现有的知识水平，还要考虑问题能否帮助学生应付各种考试。

2. 优质问题是清晰且简明的

教师在构思问题时，将问题写下来是比较有帮助的，因为当问题以书写的方式出现时，教师比较容易发现其中的问题。教师可以通过多次阅读问题来看它的意思是否清晰、表述是否简明。只有当问题清晰、简明时，学生才能理解我们想要表达的内容，才能正确地回答问题。如果问题含糊不清，学生没有明白问的是什么，怎么可能做出正确的回答呢？因此，我们需要从学生的角度来思考、设计问题：学生能理解问题的意思吗？他们能够将问题转换成自己的语言吗？学生对该问题的答案有普遍的认识吗？

一个清晰的问题，其句法很重要。句法涉及句子的结构以及单词的组织形式。关于问题的句法，需要注意以下两点。

（1）问题的语法正确吗？当我们没有预先考虑好就提出问题时，我们所提的问题可能是不完整的，也可能运用了过长的词组，或者主谓不一致，这样的问题会使学生出现理解的偏差。

（2）问题的主干是否完整？问题能否提供给学生足够的上下文知识以使其做出准确的回答？在提问之前先用陈述句说明情况是很有帮助的，这能够使问题更简短、更容易理解。例如，“请说出中小学教师所提的问题中有50%以上都处在布卢姆分类法的回忆层面这一现象的三到四个原因。”听完这个问题，学生可能找不到问的是什么。如果先陈述背景，再提出问题，就清楚多了：“研究发现，中小学教师所提出的问题中50%以上都处在布卢姆分类法的记忆层面。请给出三至四个产生这一现象的原因。”

在设计问题时，我们一定要仔细地选择我们的措辞。首先，每个词都应当有一个清晰的含义。其次，每个问题都应当只包括表达意义所必需的最少的单词。最后，所选用的词语应当与学生的年龄、文化背景等相适应。

3. 优质问题很少是偶然提出来的

毋庸置疑，优质问题的提出是需要花费大量时间的，但那些经过仔细思考而提出的优质问题，能够使学生关注课程的核心内容，并使学生的思维进入更高的水平，可见，在准备优质问题上花费时间是值得的。

我们把优质问题视为课堂教学的“肌肉”。当我们锻炼这些“肌肉”时，便增长了将学生的学习和思考提高到新的高度的力量。就像有力量的肌肉一样，优质问题不是偶然产生的，不仅需要教师花费时间进行思考，还要求教师必须根据教学目标、课程内容、学生的认知水平和学习需要来设计。

“适合”才是最好的
——“西双版纳”课例

大屏幕出示一组图片（热带雨林景观、孔雀舞、造型优美的佛教建筑群）。

师：同学们知道这节课咱们要学习哪一地区？（这个问题很简单，学生都能回答出来）

师：如果你是西双版纳自治州的州长，你会大力发展什么？（学生迫不及待地回答“旅游业”）

出示西双版纳旅游业收入在国内生产总值中所占比重的折线图。学生通过读图体会到旅游业是西双版纳国民经济的支柱产业。

师：丁丁旅行社组织了“西双版纳三日游”活动，如果你是小导游，你会向游客推荐哪些旅游景点？（出示《西双版纳旅游景区分布》图，学生争先恐后地指图交流）

师：为什么西双版纳的旅游业如此发达？（学生自然而然就会想到其地理位置优势和资源优势）

出示《西双版纳的地理位置》图，学生结合《西双版纳的地理位置》图从纬度位置分析了西双版纳拥有热带雨林景观和丰富的动物资源的原因。

有思考价值的问题能促使学生进行积极的思考，有了问题引领，思维才有方向。在遇到问题时，学生总爱把自己当成探索者、研究者、发现者，并积极主动地参与探究活动，创造性地解决问题。在问题探索与解决过程中，学习方法在启迪中生成，问题解决策略在生成中提高，学生的智慧在探索中凝聚。

二、以探讨为阶梯，聚合思维

没有对问题的探究与思考，就不可能有自己的思维成果；没有自己的思维成果，就无法进行有效的交流。从课堂教学来看，问题探究就是学生聚合思维、寻求问题解决方法，以利于成果交流的过程。

对于学习中出现的问题，学生会有不同的见解和想法，有些是对的，有些是错的，有些是肤浅和不完整的。通过探讨、交流，大家把不同的想法列举出来，说一说、议一议才能展现学习的价值，对“对”“错”做出评析。

在讲授“统计与概率”的内容时，计算数据的平均数、加权平均数，从理论上说算理不难，但让学生利用平均数解决实际问题就比较难了。于是，我利用互联网收集了大量不同的数学情境题，让学生通过计算平均数来解决不同的实际问题。有学生犯了利用算术平均数来计算加权平均数的错误，这引来了一些同学的反对。学生在激烈的“争吵”中，对算术平均数与加权平均数的区别和联系有了清晰的认识。这就是在教学中通过探究来聚合学生思维的例子。

三、以碰撞为亮点，发散思维

“碰撞”产生问题。课堂上的对话交流，既可以暴露学生知识的欠缺和思维的不足，又可以提高学生的质疑能力和提问能力。教师在教学过程中应努力制造让学生进行思维碰撞的机会，使学生在碰撞中发散思维，产生不同的观点、见解、方法等。

“碰撞”寻求共识。“思维碰撞”课堂尽管鼓励对不同观点、不同见解、不同思路、不同方法、不同论据、不同成果的表达，但追求的仍然是问题的共振、情感的共鸣、智慧的共享、价值的共识。在探讨过程中，有不同的想法自然就会出现碰撞，下面让我们通过张慧老师执教的“小数大小的比较”片段来看看如何在课堂上通过思维碰撞引导学生发散思维，进而解决问题。

葛乐荟：24.3＜24.12。

张泽欣：不对，24.3＞24.12。

葛乐荟：我们先比整数部分，24＝24；我们再来比小数部分，3＜12，所以 24.3＜24.12。

张泽欣：你比较整数部分的方法是对的，可是这样比较小数部分是不对的，我通过画图法给你展示小数部分的比较。

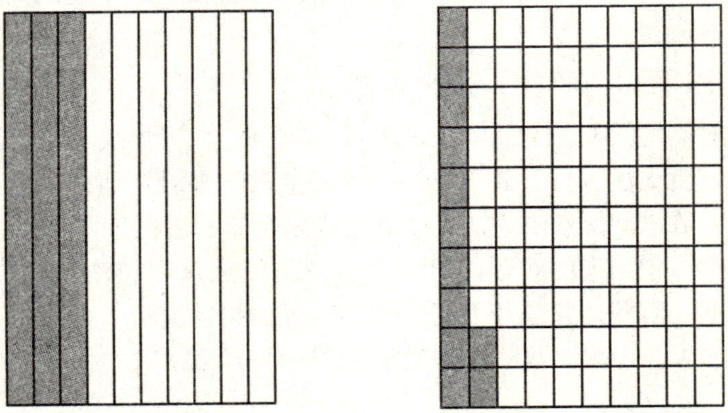

张泽欣：通过看图我们就能知道 0.3 ＞ 0.12。现在你同意我的答案了吗？

葛乐荟：看来小数部分的大小比较和整数不一样，应该从十分位起一个数位一个数位地往下比较。在这里，十分位 3＞1，所以 24.3＞24.12。

课堂上，生生对话、师生对话中的碰撞点通常就是学习的重难点，在碰撞中，学生的思维活跃了、思路开阔了，这有利于学习活动的高效进行。

四、以反馈为关键，矫正思维

反馈是交流沟通过程中的一部分，反馈是思维碰撞不可或缺的手段。在课堂教学中，只有有了高质量的反馈，才能形成有价值的碰撞。反馈是在不断解决老问题、提出新问题的过程中，由低层次向高层次前进的教学活动，及时、准确地反馈，可以不断地矫正偏向和失误，逐步达到预期的目的。

教师在教学过程中如何通过反馈来矫正学生的思维呢？

1. 适时反馈，及时矫正

一些教师在教学中存在两种反馈、矫正不及时的现象：一种是在备课时，一些教师根据主观意识，提前几天或几个星期备课，个别教师甚至将陈旧的教案拿到课堂上照本宣科，不考虑学生现有的知识基础和学习中出现的新情况。结果，学生已经掌握的内容教师却还在津津乐道，而学生难以理解、难以掌握的内容教师只蜻蜓点水般一带而过，甚至根本没有涉及，教师陶醉于少数学优生“热热闹闹”的发言中，并未真正了解所有学生的知识水平、知识掌握情况，不能及时调整教学过程。另一种是在布置作业时，有些教师不能及时批改当天的作业，而是无限期地拖延。这样一来，学生不能尽早拿到自己的作业本，无法及时了解自己对知识的掌握情况，这种情况下反馈给学生的问题不再是一两个，而是一大堆，导致师生双方都感到矫正无从下手。学生学习中出现的问题，教师若能及时发现、及时解决，就不会出现这种问题。

所以，反馈与矫正要落到实处，就必须做到反馈适时、矫正及时。

2. 真实反馈，准确矫正

反馈的信息是否真实、矫正的方法是否合适对反馈与矫正的效果起关键性作用。如果信息虚假或不真实，教师就发现不了问题或不能全面地了解情况，也就不能采取及时、正确的矫正措施。教学实践表明，要做到真实反馈、准确矫正，一般要注意以下三个方面。

第一，培养学生勤学好问、独立思考的学习习惯。有经验的教师都十分注意引导学生上课集中精力，勤于思考，积极动口、动手，这样才能保证学生提供的信息是深层次的、全面的、真实的。

第二，建立民主、平等的师生关系。在教学中，教师必须经常深入到学生中去，了解他们的困难和要求，积极、热情地帮他们释疑解难，使他们体会到温暖，尝到因积极地与老师配合、真实地提供信息而取得学习进步的甜头。

第三，透过现象，抓住本质。教师获取信息后，要认真分析其问题的实质、产生问题的原因，然后有针对性地设计矫正方案。教师不要被表面现象所迷惑，应就题论题、就事论事，否则矫正就是低效的甚至是无效的。

3. 主动反馈，自觉矫正

反馈与矫正有良性与恶性两类。反馈与矫正在教学中总是循环往复的，即反馈—矫正—再反馈—再矫正。良性的反馈与矫正不论从知识、技能、智力、习惯、情感哪方面来看，都是在不断地解决问题、提出问题的过程中，由低层次向高层次前进的教学活动；而恶性的反馈与矫正则是问题不断重复堆积的、微效或无效的教学活动。

要避免恶性循环，师生双方必须做到主动反馈、自觉矫正，因为反馈的信息往往是教和学两个方面的问题。对于属于教的问题，教师应主动地去发现和收集，及时地自觉矫正或调控；对于属于学的问题，教师要主动辅导，及时帮助学生矫正。同时，学生的主动性和自觉性需要教师有意识地进行培养，但是只有教师的主动性，而没有学生的自觉配合，仍然是恶性的反馈与矫正。当然，如果教师只强调学生的主动和自觉，而不注意自身的主动和自觉，同样会是恶性的反馈与矫正。

4. 矫正反馈，反馈矫正

反馈与矫正是紧密联系在一起的。对一个问题进行矫正之后，是否就真正解决了这个问题呢？没有，还需要进行再反馈。有的教师经常这样埋怨学生："这一类问题我已经讲过很多次了，怎么还不知道怎么做?"出现这种现象有两个原因：或是当时的矫正走了过场，没有真正解决问题，或是隔了一段时间后没有再去矫正，使矫正效果消失了。因此，矫正后要相应地设计巩固提高的反馈方案，以检测矫正效果，获取新的信息。

要想获得好的矫正效果，必须准确诊断学生在学习中出现的问题，然后对症下药。

（1）少数人的问题个别矫正，群体性的问题集中矫正

在作业批改和试卷评阅过程中，教师要认真记下学生在练习或检测中出现的问题，然后看哪些问题属少数人的，哪些问题属群体性的。少数人的问题无须集中矫正，利用课余时间或自习时间个别矫正就可以了，群体性的问题要集中在课堂上矫正，否则就会影响或阻碍后续内容的学习。

(2) 简单问题立即矫正，复杂问题专题矫正

在课堂教学中，教师对学生回答或板演中出现的问题要反应敏捷，快速做出判断：哪些问题属简单问题，哪些问题属复杂问题。简单问题就立即矫正，复杂问题就进行专题矫正。

(3) 关键性问题重点矫正，一般性问题自我矫正

例如，列方程解应用题，对于不同类型的实际应用问题，根据题意找等量关系就属关键性问题。如果这一问题解决得好，其他问题便能迎刃而解。因此，若学生在找等量关系时出了问题，教师就必须进行专门的重点矫正。至于设未知数、解方程就属于一般性问题，若学生在此出了问题，教师可启发学生自我矫正。

(4) 概念性问题对照矫正，技能性问题逐步矫正

在概念的应用上出问题，在日常教学中是很普遍的现象，特别是学生在运用相近、易混的概念时，常犯张冠李戴的错误。比如，学生在使用“补角”“邻补角”等概念时出现错误，教师就应对照概念，引导学生反复比较，找出补角与邻补角的本质属性以及异同点，然后对照练习。而在解题中出现的是否能准确、熟练运用概念的问题，则属技能性问题，对这类问题要逐步矫正。

(5) 预料中的问题设计矫正，出乎意料的问题灵活矫正

教师备课时应根据学生的具体情况和教学内容以及教师自身的经验充分预料学生可能出现的问题，并在此基础上设计好解决的方法。对于课堂上出现的意料之外的问题，则要具体分析、灵活矫正。

(6) 经常出现的问题变式矫正，偶然出现的问题重视矫正

有些问题只通过一两次矫正是不能解决的，所以，对于那些经常出现的问题，教师应遇到机会就进行矫正，并反复矫正，还要变换矫正形式，因为总是采用同一种方法，会使学生产生厌烦情绪。同时，教学中不能放过任何一个学生偶然出现的问题。这样，反馈矫正才能真正得到落实。

(7) 习惯问题耐心矫正，思想问题引导矫正

好的学习习惯是终身受用不尽的宝贵财富，坏的学习习惯是一个人学习进步的最大障碍。如果遇到学生因习惯不良，导致了不该出错却错了的问题，如画图不用尺规，随手画时，教师不能只将答案改正过来，而应耐心、细致地帮助学生矫正学习习惯。如果是思想上有偏差，导致其在学习中出现了各种各样的问题，那么教师就不能就事论事，而应动之以情、晓之以理，引导学生端正学习态度，树立正确的人生观。

(8) 基础问题分步矫正，智力问题量力矫正

中等生和学困生或多或少会存在一些基础问题，不同的学生又有不同的基础问题。对这一类问题，教师要认真分析、分步矫正。因为人的智力有差异、理解有深浅、运用有生熟，所以教师在矫正时，应量力而施，不能"一刀切"。要特别注意的是，不要误把智力问题看作思想问题，如果误将其看作思想问题，对学生老是批评指责，不但会矫而不正，还会使学生产生厌学情绪，丧失信心，这样就适得其反了。

(9) 学困生的问题分层矫正，学优生的问题点拨矫正

在教学中，教师必须做到对不同层次的学生提出不同的要求。在矫正学困生的问题时，要分层要求，有些要求可根据其基础与智力的实际情况，分层矫正，分类指导，学生暂时不能做到的留待以后逐步跟上。对于学优生出现的问题，不宜直接指出，而应加以适当点拨，让学优生在教师的点拨下去思考、分析，这样其印象会更深刻，效果会更好。

五、以变式为保障，迁移思维

变式教学是指通过对教学问题情境进行多角度改变，来展示知识发生、发展的过程，让学生利用已有的知识结构来同化新知识，实现知识的迁移。运用这一教学策略，首先，要根据教学目标精心设计问题，然后给学生提出具体明确的要求，让他们自己去解决；其次，要为学生顺利完成任务创造一定的条件，如提示性的设问或小组合作探究；最后，要引导学生总结归纳方法，进而提升学生由此及彼、触类旁通的迁移能力，提高课堂学习质量。

迁移是一种学习对另一种学习的影响。迁移教学的实质就是让学生运用旧知识探索新知识，发现新规律，不断重组自己的认知结构。因此，教师在教学时必须充分调动学生的积极性，让他们主动投入到学习活动中去。当然，准备了良好的迁移条件，不等于迁移活动就一定会发生。实践表明，迁移活动的实现，还有赖于学生主体作用的发挥和教师的正确引导。教师应根据不同教材、不同情况，选择适当的方法，使知识的迁移顺利实现。

有这样一道选择题：

教室里的暖气散热现象属于（　　）。

A. 物理变化　　　　　　　　B. 化学变化

多数学生错误地选择了B。怎样指导学生思考暖气散热的过程中没有新物质的生成呢？我是这样做的。

我先出示这样一道思考题："水被烧开"是化学变化还是物理变化？

在之前探究化学变化的起始课中，有这样一道思考题：“对着一面镜子哈气”这是化学变化还是物理变化？当时我在指导学生思考这道题时，着重指导学生分析了这是水的三态变化，在变化的过程中没有新物质的生成，因此是物理变化。鉴于此，学生很快想到“水被烧开”的过程中有一部分液态的水变成了气态的水蒸气，由此发生的是物理变化。

我继续追问学生：“水被烧开的过程中，除了一部分水变成水蒸气外，还有什么变化?”有些学生想到水的温度升高了。我继续追问：“对，是什么原因使水的温度升高了？这个过程中有没有新物质的生成呢?”学生很快便想到是物质燃烧散发出的热量使水的温度升高了，在这个变化的过程中没有新物质生成，所以是物理变化。我不仅对学生的思考过程给予了肯定，还告诉学生这是热传导现象。有了这些基础，我再把“暖气散热现象”这道题展示给学生，并要求学生经过认真思考做出回答。学生异口同声地答道：“物理变化。”“为什么是物理变化呢?”“这个变化的过程是把锅炉房生成的热传递到我们教室的暖气上，是热的传导，没有生成新物质，所以是物理变化。”

围绕新旧知识的连接点复习旧知识后，教师应及时抓住这一连接点，引导学生以旧探新，主动开展探究活动，顺利实现知识的迁移。

六、以实践为根本，应用思维

学习的目的是应用。教师在教学时，要将学、思、知、行四个方面相结合，让学生学会学习、学会动手、学会动脑、学会生存、学会和别人合作。“思维碰撞”课堂倡导教学应着眼于学生的生活经验和实践经验，拓宽学生学习的空间，发展学生的应用意识，最大限度地挖掘和激发学生的潜能。

在数学课堂中，学生的实践主要是做练习。

引发思维、聚合思维、发散思维、矫正思维、迁移思维之后，学生已经掌握了必要的思维方法，这时就需要学生应用思维，以提高思维能力。要想使学生应用思维，就需要通过课堂练习来实现。课堂练习是小学数学课堂教学的重要组成部分，是学生学习过程中不可缺少的重要环节，是学生掌握知识、形成技能、发展智力、挖掘创新潜能的重要手段，是教师了解学生知识掌握情况的主要途径，高质量的课堂教学必须有高质量的练习做基础。因此，课堂练习在小学数学教学中有着特殊的重要地位，必须精心设计。下面以张慧老师执教的“小数大小的比较”一课为例，来介绍如何设计课堂练习来引导学生应用思维。

1. 在○里填上“＜”“＞”或者“＝”。

0.6○0.56　　　　4.009○4.01　　　　5.28○5.24

1.9999○2　　　　785○1000　　　　1.30○1.3

2. 判断。

比较小数的大小就是比较小数部分的大小。（　　）

小于0.6大于0.4的小数只有0.5。（　　）

两个小数，小数部分位数多的那个数大。（　　）

这样的练习设计有利于学生对知识的应用与巩固，能使学生在应用中深化对知识的理解。

在“思维碰撞”课堂的构建过程中，学校还开发了三种工具：用于课前备学及补学的微课程，用于承载问题设计及活动指导的学业纸（包括活动纸和练习纸两种），用于知识归纳及思维开发的思维导图。同时，我们还构建了小组学习模式，以提高学生的学习效率，培养学生的合作意识。

“思维碰撞”课堂是中国式的“翻转课堂”，符合张志勇同志提出的课前大预习、课堂大交流、课后大反思的主张，使预习、交流、反思形成了一个连接课内外教学活动的整体，构建了“主体参与，家校合作”的综合学习体系。

第三章

组织学习小组，走出合作学习的桎梏

合作学习作为一种新的教学方式和学习方式已经进入我们的课堂教学。然而，当我们全面审视教学中的合作学习时，却发现其存在很多问题。如教师放任自流、学优生的“一言堂”等。对此，我校经过实践探索，确立了“组织学习小组，走出合作学习桎梏”的教学方式。

一、小组合作与思维碰撞的关系

合作学习于20世纪70年代初兴起于美国，并在20世纪70年代中期至80年代中期取得了实质性进展，是一种富有创意和实效的学习方式。由于它在改善课堂氛围、提高学生的学业成绩、促使学生形成良好的品质等方面效果显著，很快便引起了世界各国教育界的关注，并成为当代主流教学策略，被人们誉为“近十几年来最重要和最成功的教学改革”。其基本做法是根据学生在学业水平、能力倾向、个性特征乃至家庭背景等方面的差异将全班学生分成若干个异质学习小组（每组3～6人）。小组合作学习是指学生在小组或团队中为了完成共同的任务，进行明确的责任分工的互助性学习。“思维碰撞”课堂是以小组学习为基础，以思维碰撞为亮点，凸显学科思维特征的个性化课堂，追求的是让学生在交流中获取知识、在争鸣中增长智慧、在对话中深化理解、在比较中学会反思、在抗衡中内化动力、在碰撞中滋养品性，旨在培养学生的独立思考能力和批判反思能力，目标是让学生成为有思想的人。所以说，小组合作是思维碰撞的载体。

二、小组的组建

1. 小组组建的原则

（1）组内异质、组间同质原则

根据学生的知识水平、学习能力、性别、思维活跃程度的不同将学生分组，将不同特质和不同层次的学生进行优化组合，使每个小组都有高、中、低三个层次的学生，这就是组内异质；每个小组都按不同层次进行分组，也就是每个组的水平相当，这就是组间同质，这样便于组与组之间的公平竞争。

（2）团结协作原则

在保证基本均衡的前提下，教师在分组时要充分考虑学生的意愿，同时注意不把彼此暂时排斥的学生分在同一小组，以免激发其逆反心理，影响小组学习及其他活动的开展。每组最好都安排至少一名较为活跃，善于关心、鼓励他人的学生，这样有利于调动小组的学习气氛，使每个小组都能具有向心力，团结协作，积极向上，增强合作意识。

（3）高效合作原则

为了能在课堂上高效有序地进行探究，小组内每个人都应有明确的分工，应设正、副组长各一名。正组长负责记录组员上课倾听、回答问题等情况，副组长负责组织组员有序讨论、提问等。这样做可以使小组的合作学习更有效。

（4）合理评价原则

为了调动每个组员为小组争光的积极性，必须制订一套合理的评价体系，要既有组员之间的评价，也有组与组之间的评价，还有组员和小组的捆绑评价。

（5）分层管理原则

为了便于管理，可以把几个小组组合成一个大组，设立大组长，负责记录每个小组的表现，并根据评价标准给各小组合理打分，这样既可以做到制约每个小组，又可以做到统一标准，公正评价每个小组。

2．小组组建的方法

（1）低年级的小组组建方法

低年级的学生观察能力较弱，注意力不能长时间集中，可以把每组学生的人数设置为 4 人，让智力水平、思维方式、认知风格和情趣特长不同的学生成为一组，正、副组长各 1 人，分别为 1 号和 2 号，组员为 3 号和 4 号。每个组长带一名组员。同时，每 5 个小组组成 1 个大组，选好大组长，每节课小组长都要对自己的组员进行评价，同时大组长对每个小组的表现进行评价和记录。周五班会时进行全班评价和总结。

（2）中、高年级的小组组建方法

中、高年级的学生已有一定的自控能力及组织能力，可以把每组学生的人数设置为 4～6 人，根据学习能力由高到低排列组员号码为 1 号、2 号、3 号、4 号、5 号、6 号。合作一段时间后，组员的各种问题就会暴露出来，教师随时关注小组合作学习的情况，根据小组暴露的问题进行小组重组，以激发学生合作学习的兴趣和新鲜感。

下面以 6 人一组为例来介绍。

正、副组长各带 2 名学生，在小组合作探究问题时，较难的内容由 2 名组长（即 1 号和 2 号）先发言，然后组员（3～6 号）提问，较容易的内容由 5 号和 6 号讲给 1 号听，3 号和 4 号讲给 2 号听，然后由 1 号和 2 号来提问。这样，课堂上能节省很多时间。在辅导组员作业和练习时，正、副组长各看 2 本作业、辅导 2 名学生，针对性较强。同时，为了提高组与组之间的竞争，把全班分成 12 个小组，12 个小组又分成 4 个大组，每个大组长分管 3 个小组，随时记录组员的表现，在周五的班会上和组员一起总结得失。

三、小组的培训

1. 组长的培训

在合作学习中，组长既是小组活动的领导者，又是小组活动的组织者，同时又是教师的小助手，他的一言一行直接影响着组内其他成员的学习态度和积极性。因此，分组之后，需要对组长进行专门的培训。

（1）组长应具备的素质

① 学会组织协调

a. 要有责任感。

b. 要学会倾听，懂得尊重别人，对别人的发言或表示赞同或提出不同的见解。

c. 能清楚地表达自己的观点。

d. 管理有方，与基础弱的同学结成对子，耐心地帮助其进步。

e. 要有高度的小组意识，一定要学会当好小老师。

f. 要有竞争意识、不服输精神，能带领组员不断追求进步，努力把自己的小组建成最优秀的小组。

② 学会上传下达

a. 熟悉小组合作学习的流程，针对不同的问题有不同的合作交流程序。精确地把握学习时间，确保小组成员在适当的时间干恰当的事，讨论与课堂教学有关的内容。

b. 及时组织本组成员展开讨论和结束讨论，必要时要阻止小组成员的小动作和与学习内容无关的讨论。

c. 及时与老师联系，及时向老师反馈小组成员对知识的掌握情况，小组解决不了的事情请老师帮助解决。

③ 学会合理安排调度

a. 做好合理分工。

b. 在课堂上要清楚地知道小组成员对知识的掌握程度，在板演、回答问题、交流发言等方面做好调控，要有针对性，不要只让学优生参与。

④ 团结组员，互帮互助

a. 严于律己，以身作则，带头谦让，礼让他人。

b. 带动其他组员建立互相信任、团结互助的关系。

c. 带头帮助学困生，在组内形成互帮互助的氛围。

d. 布置任务时，不要以命令的口气，要平易近人。

(2) 组长应掌握的语言

组长在整个小组学习活动中，怎样说，说什么，往往影响着小组成员的思维品质及学习效果。因此，规范组长的语言，是小组高效合作的重点。以小学数学学科为例，规范的语言大致分为以下三类。

第一类：根据信息，提出问题（一般是新授课）

组长的引导语：

a. 我们来观察信息图，说说你发现了哪些数学信息。

b. 3 号同学，根据信息你能提出什么问题？

c. 2 号同学，你同意吗？

d. 4 号同学，你能重复一遍吗？

e. 通过刚才的讨论，我们提出的问题是……

第二类：计算类（练习课及新授课的巩固练习）

组长的引导语：

a. 首先请 3 号或 4 号读题及解答。

b. （一步计算）计算这道题时，你用的是哪句口诀？（或说说你是怎么算的）

c. （两步计算）你是按什么顺序计算的？

d. （错题）大家想想他为什么算错了？

e. 我们计算时应注意什么？

第三类：解决问题

组长的引导语：

a. 要解决这个问题，需要的信息是什么？

b. 怎样列式呢？

c. 为什么这样列式？

d. 大家听明白了吗？谁还有疑问？

e. 谁还有不同的想法？

通过这样的培训，能使组长明白针对不同的问题该用什么样的语言来组织组员学习。

2. 组员的培训

在小组合作学习中，如何让每个小组成员都积极地参与到小组合作学习中来，也是不容忽视的。因此，在完成对组长的培训后，也要对组员进行相关培训。

（1）小组合作中的常用语言

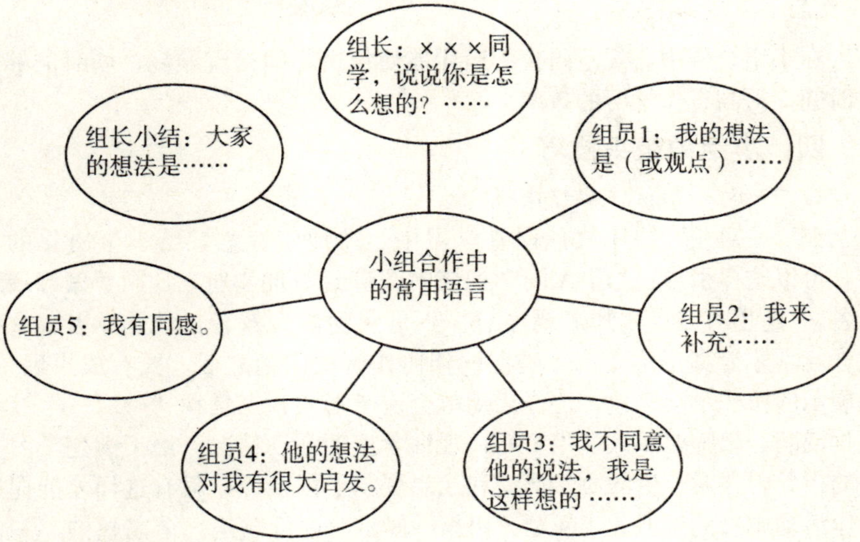

（2）小组展示时的规范语言

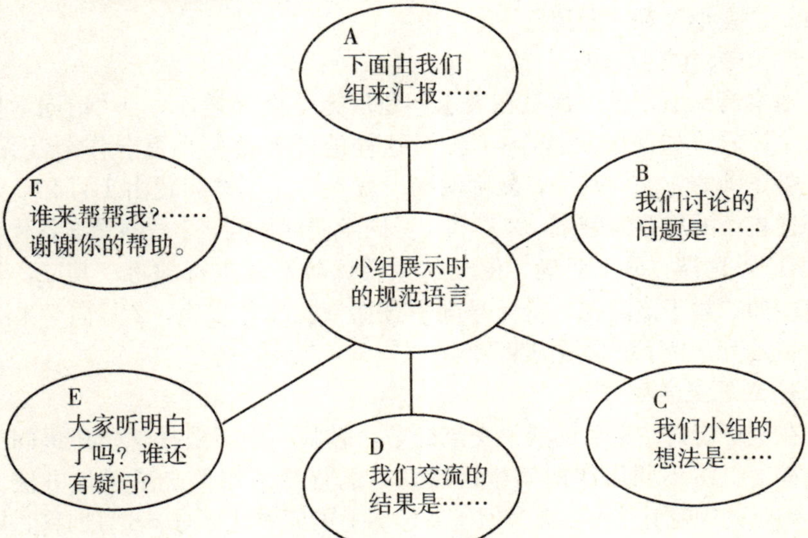

（3）集体交流时的评价语言

生：他讲得很清楚，我听明白了。

生：他回答了我的问题，我很感激他。

生：他听课很认真，提出了很多有价值的问题，我要向他学习。

生：××小组的表现很好，因为他们小组的一位同学在讲解中遇到了困难，其他人都主动帮助他。

……

在小组合作中，规范语言的运用能使组员之间交流顺畅，同时能够节约时间，提高合作学习的效率。

四、小组的组织技巧

1. "一对一"伙伴协作技巧

在"一对一"协作伙伴课堂学习中，教师应有意教给学生协作的方法，可以这样引导："请A同学把该问题讲给B同学听，B同学做好展示准备。"这里有三点教师需要注意：一是明确谁是教者、谁是学者，这样互教互学才能真正落实；二是在伙伴协作解决问题之后，要有成果展示，无展示的协作不会高效，协作活动就会流于形式；三是在"一对一"互教互学期间，教师要深入学生中间，观察学生的活动情况，给予学生学习方法的指导，并对学生的协作活动和成果展示予以点评，只有这样才能促进协作活动质量的提升。"问题—协作—展示—评价"是一个完整的"一对一"互教互学学习链，缺失这个学习链上的任何一环，都会使伙伴协作学习方式"变形"和"贬值"。

2. 小组内交流技巧

通常情况下，教师都是在展示问题后笼统地布置任务："请同学们讨论讨论，看看如何解决这个问题。"这样的任务会使小组合作杂乱无章。以下是正确的方法：其一，教师明确发言人，如"本问题由1号和3号同学陈述自己的思路及答案，2号和4号同学质疑提问，3号同学准备代表小组发言"，这样，分工明确，便于学生有针对性地进行学习；其二，轮流发言，如"对于该问题，从4号同学开始依次轮流发言，2号同学准备代表小组发言，1号同学做记录"。

3. 成果交流技巧

在全班研讨结束后的成果交流环节，教师一定要根据学生所提问题的难易程度组织不同层次的学生回答，不能直接采用传统举手的方法。比如，较难的问题让1号、2号回答，较容易的问题让5号、6号回答，以此激发学生的学习积极性，使学生都尝到成功的喜悦。

4. 展示时，台下小组的组织技巧

这是应该特别注意的事情，不然会出现"有人干，有人乱"的现象。以下是正确的方法：其一，小组上台板书展示时，台下小组要进行组内展示，即由教师或组长安排人在组内陈述自己的做题方法、思路或心得，等台上学生板书完毕后，由教师组织大家对比自己组与台上组解法的不同；

其二，台上学生口头展示时，台下学生的任务一是倾听，二是准备点评反馈，教师要通过这些方式培养学生的倾听能力和思维能力。

5. 课堂辩论的组织方式及技巧

①选择观点即组成正反双方—双方依次陈述—双方辩论—主辩总结，切不可任由双方辩论，造成个别同学的对战；②观众组参与辩论，陈述自己的观点；③“第三方”即“评价组”给予评价反馈；④教师总结。应该注意的是，为保证不遗漏知识，教师要在辩论前和辩论后利用不同形式展示知识结构，以使学生更牢固地掌握知识。此外，辩题应是所学内容的核心问题，否则，就会成为为辩论而辩论。

6. 支架式学习组织技巧

没有获得“帮助”的学生的学习是低效的。任何人都会有思维盲点或障碍点，给学生一点儿“支持”，比如，表格、思路，这样学生才能更好地表达、操作、展示。教师在课堂上的主要作用之一，就是给学生的学习架设扶梯、铺平道路。

五、组织小组合作的时机与方法

从学生生理及心理特点考虑，过多的小组合作必然会分散学生的注意力，容易造成心理疲劳和注意力不集中等不良后果，从而影响小组学习的效果。因此，准确把握小组合作的时机，采用恰当的方法进行引导，是达到课堂高效、构建“思维碰撞”课堂的重要措施。什么时候是进行小组合作的恰当时机呢？

1. 答案多样时

学生都争强好胜，有一定的竞争欲望，渴望自己的观点被肯定，但又不善于有理有据地阐述自己的观点，一旦有不同意见，浮于表面的争论较多，说服力不强，理性分析欠缺，思维深刻性不够。此时，教师如果将有争论价值的疑点让学生进行小组讨论，让持有相同意见的学生一起合作，与持不同意见的学生争辩，在辩论中明晰正误，这样不仅能让学生统一观点，还能培养学生分辨是非的能力。

例如，教学“分数的初步认识”一课时，为了让学生深刻地理解“平均分”这一概念，教师设计了这样一个环节：把一个圆分成两份，每份一定是这个圆的二分之一，对吗？话音刚落，全班学生已经分成了两个阵营，有的认为对，有的认为错，教师没有立即说出正确答案，而是将学生分成两个小组，让他们分别合作商量后再发表意见。正反方各自聚在一起，商量对策，讨论过后，各组推选出代表，小小辩论会开始了。正方代表把手中的圆平均分成两份后问道：“我是不是把圆分成了两份？”反方代表点头道：“是。”“是不是这个圆的二分之一？”“是。”“既然是二分之一，为什么不同意这种说法？”只见反方同学顺手从圆形纸片上撕下一片纸，指着其中的一份问：“这是圆的二分之一吗？”正方同学服气地站到了反方的队伍里。

又如，在执教《林海》的第二自然段时，我让学生自由读这一段，并思考：大兴安岭的“岭”有什么特点？哪一个特点是作者最想告诉我们的？对第一个问题，学生通过阅读后很快归纳出了答案：“岭”的特点一是多，二是温柔。但对第二个问题，学生却产生了两种不同的意见：有的学生认为作者最想告诉我们的是“岭”多，有的学生认为作者最想告诉我们的是“岭”的温柔。针对这两种不同的意见，我让学生再次读课文，并进行小组合作学习以及组间交流、争论。最后学生的观点逐渐集中于“温柔”，理由有以下两点。

第一点：“这里的岭的确很多……可是没有一条使人想起‘云横秦岭’那种险句。”这句话的重点应该放在后半句。

第二点：“大兴安岭的这个‘岭’，跟秦岭的‘岭’大不一样。”段首的这句话具有总起的作用，说明这一段主要写岭的温柔。

2. 思维受阻时

学生思维受阻之处往往是课堂教学的重难点，此时通过个人努力往往无法解决，需要相互启发。这时，教师应有意识地组织学生进行小组讨论，发挥小组合作的力量，调动学生的积极性。让学生共同探究，有利于攻克教学重难点，同时能培养学生探究问题的能力与协作精神。

比如，在数学课上教学“年、月、日”时，在学习“四年一闰”的新授知识时，教师创设了一个富有挑战性的问题情境：“小强满 12 岁的时候，只过了 3 个生日，这是为什么呢？”学生对这个问题非常感兴趣，纷纷动脑思考，但多数学生紧皱眉头，想不出合理的原因，于是该教师让学生进行小组合作学习，学生结合教材中的提示共同探讨，终于自行解决了“四年一闰”的问题，得出小强的生日是 2 月 29 日。找到答案后，同学们为自己的努力感到无比骄傲。

再如，语文课上让学生理解“恍然大悟”（《我的伯父鲁迅先生》）这个词时，让学生小组合作。（以第一组活动为例）

组长：请大家先讨论一下，怎样理解“恍然大悟”这个词。

生：可以查字典。

生：可以联系上下文来理解。

生：可以通过理解重点字来理解整个词语的意思。

组长：这几种方法我们可以都试试，请每位同学选择一种方法去理解这个词的意思。

（每个学生都在认真地寻找答案。一会儿有学生发言了。）

生：我通过查字典，知道了“恍然大悟”的意思是一下子明白过来了。

生：我是联系课文中作者前后说话的语气来理解的，感觉到作者已经明白了事情的真相。因此，我认为“恍然大悟”的意思是终于明白了。

生：我觉得这句话应该这样读。（开始读）

学生纷纷表示读得不错，把作者一下子明白过来的感觉读出来了。

组长：我们理解了“恍然大悟”的意思，再一起来讨论一下作者是不是真的“恍然大悟”了。

对这一问题，组内有两种看法。教师在一旁发现学生只顾争执“是”还是“不是”，就及时进行点拨，引导学生细细地研读课文，联系上下文来体会。小组成员再次认真读了课文，然后开始讨论了。大多数学生认为作者并不是真的明白了，还说出了理由：从最后一句“在座的人都哈哈大笑起来”可体会到作者并没有真正明白过来。当时作者还小，对伯父的话并不理解，反而信以为真，因此，大家都哈哈大笑起来。刚才持不同看法的学生表示这位同学分析得有道理，表示赞成。教师巡视，不时参与到各小组的讨论中去。有的小组已将不理解的问题记录了下来，准备在全班交流时提出来。

这样的形式，培养了学生的自学能力、探索能力、论辩能力、合作能力，教学效果特别好。

3. 质疑问难时

在解决学生提出的问题时，组织学生小组讨论，能体现学生的主体地位。学生自读课文时，尤其是初读某个章节、段落时，往往会提出疑问。这时，教师要从学生提出的一系列问题中筛选、提炼出最有代表性的问题，让学生进行小组讨论，把主动权交给学生。如执教《桥》一文时，我将学生初读课文后所提的问题进行梳理提炼，精选出“文中的老汉是怎样的一个人？你是从哪里体会到的?”这一问题切入教学，引导学生合作探究。这种学生自读自悟，教师“穿针引线”的教学形式，大大培养了学生的主体精神和协作精神。

4. 探求规律时

每个知识点都有自己的特点和规律。需要学生在诸多的素材中找出异同、归纳特点、全面总结、探讨知识的内在规律时，可以采用小组合作的形式。

5. 实际操作时

在动手操作的过程中，有时候对有些操作活动学生仅凭个人的智慧和力量是无法独立完成的，这就需要发挥小组成员的聪明才智，分工合作，共同完成。

例如，教学“圆的认识”一课，在学生认识圆后，我没有简单地采用教师讲学生听的授课方式，直接告诉学生圆的特征，而是抓住学生急于动手的心理，让学生把圆纸片折一折，再把折痕画一画，然后引导学生把自己的发现在小组里说一说。学生在做与说的过程中亲身体会了知识的形成过程。把课堂的主动权还给学生，让学生少一分依赖和盲从，多一分自信，多一些合作的机会，这样才能充分发挥小组合作学习的优势。

当然，小组合作的时机还需要教师根据教学的需要灵活把握，同时教师也要了解小组的各个发展阶段及特点，以便做出正确的指导。

阶段	特点	对策
试探期	小组成员互不熟悉，个性活泼的学生会尝试完成小组任务，个性内敛的学生常处于观望状态。	评选“积极参与小明星”，考评时注重参与率。
震荡期	小组成员开始熟悉，充分展示各自的个性，组内出现纷争，组外人际冲突明显。	教会学生欣赏式点评，布置个人作业。
凝聚期	懂得组内合作的方法，会倾听，会求同存异，会合理分工并自觉完成自己的任务，有小组归属感。	总结成功的原因，诊断小组问题。
形成期	不仅组内事务处理得好，与其他小组的竞争也处理得好，班级呈现融洽和谐、奋发向上的状态。	强调欣赏式点评，带领学生学会欣赏他组的成绩，学会谦虚地接纳别人的建议；鼓励班内的合作与互助。

六、小组的评价

1. 评价原则

实行同层竞争的评价方式，规定每个小组的同号选手为竞争对手，因为他们水平相当，强调只要努力就可以进步，就可以为小组争光，这样做大大保护了学生的自尊心，激发了他们的斗志。同时，对不同层次的学生有不同的要求，能使学困生经常品尝到成功的滋味，进而激发他们的学习兴趣。此外，我们还对学生使用捆绑评价，每周评选榜样组，榜样组的每名成员都可获得一张榜样卡，连续两周被评为榜样组的，即可受到级部的表彰，连续两次受到级部表彰的即可获得学校的表彰。

2. 评价方法

(1) 个人评价细则及奖励办法

① 每天按时、认真完成作业，加 1 分；完成不认真减 1 分；未完成减 2 分。

② 课前认真完成学业纸或预习任务，加 1 分；完成不认真减 1 分；未完成减 2 分。

③ 组内交流时服从组长安排，交流认真，能清楚表达自己的想法，加 1 分；不服从安排，乱说话，减 1 分。

④ 组内交流或班内集体交流时能认真倾听，不做小动作，不乱说话，加 1 分；反之，每次减 1 分。

⑤ 组内交流或班级交流时，能根据学习内容提出引导大家深入思考的问题，每提出一个问题加 1 分。

⑥ 组内交流时，能帮助他人解决问题或困惑，每次加 1 分；班级交流时，能帮助他人解决问题或困惑，每次加 2 分。

⑦ 课上每代表小组回答一次问题，加 1 分；帮助本组成员回答问题，每次加 1 分；因发言精彩而得到老师的表扬为本组争得加分的组员，每次加 2 分。

⑧ 课堂表现与以前相比有较大进步，课下经小组成员评议通过的，加 1 分。

个人计分奖励办法如下。

① 每个人的基础分为 10 分。组长根据评价细则认真记录，每天汇总。同时，每组同号的同学进行比较，得分最高者可获得一张榜样卡，得到十张榜样卡的学生可获得榜样章。

② 班长每周汇总组员的得分，每组同号的同学进行对比，得分最高者可获得“班级明星”个人称号。两周连续被评为“班级明星”的个人，则可获得“年级明星”个人称号。

(2) 榜样组评价细则及奖励办法

① 小组成员都能按时、认真完成作业，该组加 1 分；小组成员有三人的作业受到老师的点名表扬，该组加 2 分；小组成员有一人不按时完成作业，该组减 1 分；小组成员有两人以上不按时完成作业，该组减 4 分。

② 组员课前都能认真完成老师布置的预习任务或发的学业纸，该组加 1 分；有一人不完成或完成不认真，该组减 4 分。

③ 组内交流时有序，人人发言，完成任务后立刻坐好等待，该组加 1

分；交流讨论混乱、低效，该组减 1 分；交流时被老师点名提醒，该组减 2 分。

④ 组内交流时能及时发现本组成员存在的问题并积极帮助其解决，该组加 1 分。

⑤ 班级交流时，组员认真倾听，该组加 1 分；班级交流时，被老师点名提醒，该组减 2 分。

⑥ 班级交流时，由 1 号、2 号组员代表本组发言，声音洪亮，表述清楚，该组加 1 分；由 3 号、4 号组员代表本组发言，声音洪亮，表述清楚，该组加 2 分；在组内交流讨论的基础上代表本组发言的组员仍回答不准确，完不成老师交给的任务，该组减 1 分（本组成员积极帮助其回答准确除外）。

⑦ 班级交流时，老师所叫的学生回答问题有困难时，非本组成员积极帮其解决困难的，帮助他人的同学除享受个人加分外，还为自己所在小组争得 1 分。

⑧ 小组成员能在课上当堂完成达标练习，该组加 1 分；小组成员不能当堂完成达标练习，课下组员帮助有困难的同学完成的，该组加 1 分。

⑨ 大胆质疑、提出有价值的问题每人每次加 2 分。

榜样组计分奖励办法如下。

① 榜样组的评价由各科教师负责，根据细则每堂课据各小组的表现加减分。

② 每天结束后，由值日班长把各小组的得分情况抄到榜样组评价计分表上。

③ 评价计分表一周一汇总，得分前五名的小组即为榜样组。榜样组的各成员每人获得一张榜样卡。连续两周获得榜样组的小组，即为年级的榜样组。连续两次被评为年级榜样组的，即为学校榜样组。

所有教师在使用基本评价细则的基础上，还可以根据学科的特点和学生的情况，制订、修改或补充评价细则。

第四章

学业纸、思维导图、微课程

学习支架是为学习者提供符合认知层次的支持、导引和协助，以帮助学习者由需要协助而逐渐能够独立完成某一项任务，进而使其由低阶的能力水平发展到高阶的能力水平。在教学中，学习支架即教师为学生完成学习任务而提供的支持性资源。优质问题、活动、学习评价设计得再好，也要通过一定载体呈现给学生。学业纸、微课程、思维导图是我校开发出的承载“学习支架”的三大课程载体。

下面来具体说说这三大学习支架。

第一节 学业纸

学业纸是承载优质问题、活动设计和学习评价三大基石的支架载体，是问题引领纸、活动路线纸和成果展示单，也是减少教师课堂讲授的替代单。

一、学业纸的五次“变迁”

在介绍学业纸之前，先特别说明：①目前，学业纸中的栏目，是引导教师运用现代课堂元素的应然之举，最终要走向个性化。②学业纸的设计原则是方便、实用，教师无须一定采用填表式，但必须体现“思维碰撞”课堂学业纸的基本要求。要了解我校学业纸的设计要求，首先要知道我校学业纸的五次“变迁”。

第一稿 学辅资料的翻版

在正式推行学业纸之前，我校已经有过名为“学案”实则“学辅”的编写尝试。

第一稿学业纸的特点：以知识为中心，内容完全试题化，主要用于课堂练习或复习，课堂上以“做（题）”代“讲”，压缩了教师讲的时间和空间，有利于学生应试能力的提高。

问题：试题化倾向严重，以知识为中心，以应试为目的，导致课堂上学生盯着试题转，教师围着试题评，学生的应试能力提高了，但综合能力的发展却受到了制约。

第二稿　对"学案导学"的模仿

第二稿学业纸的特点：取代传统的教案，强调教学案合一；采取板块式备课模式，强调集体备课；突出课堂教学环节和流程，使用起来比较规范，操作性较强。

问题：学校提出"课堂改造"后，开始强行推行学业纸，导致教师们常常依葫芦画瓢，同时，由于初期对"模式"的苛求，使得其成了课堂指挥棒，师生教学活动受到步骤、流程的限制。教师们总结的经验是"一本优秀的教案＋一本优秀的学案＋教师的实践智慧＝高质量的讲学案"，依然是"以知识为中心"进行教学，不利于教学拓展，也不利于学生思维能力的培养。

第三稿　学习香港课堂"工作纸"

随着"思维碰撞"课堂的推进，我们认识到活动是培养学生能力的基本途径，课堂没有活动就没有活力，学生没有活动就没有能力。此时，香港课堂使用的"工作纸"进入了我们的视野。

香港课堂"工作纸"是一种教学活动资源。"工作纸"是教师在课前精心设计的，它对每项学习活动都进行了有效的计划和指导，使得教学活动操作规范，学习活动容易取得成功。（可以设计巩固练习式、活动体验式、探究发现式、实践应用式四种不同功能的工作纸）

为此，第三稿学业纸模仿香港课堂的"工作纸"，强调可以分为"活动纸"和"练习纸"两部分，该练的时候大胆练，该动的时候大胆动。这是告别学案的第一步，也是我校学业纸逐渐走向独立的关键一步。

第三稿学业纸的特点：突出课堂上的思维碰撞活动，注重学生的课堂交流；教学因学生的积极参与而显得充实、有活力，学生的语言表达能力、表现能力有明显的提升。

问题：对香港课堂"工作纸"未参悟透，以为学生的能力来自于活动，教学的活力来自于参与，只注重大量活动的设计却没有认识到学生的思维能力才是其学习能力的核心，导致"捡了芝麻丢了西瓜"，课堂的热度有了，但学生的思维能力却受到了影响。

第四稿　围绕“思维”做文章

“思维碰撞”课堂的构建，引起了山东省基础教育课程研究中心和泰安市教研室的关注，专家经过“把脉”，给我们的课堂改造提出了不少建设性意见，我校课堂从关注“碰撞”开始向关注“思维”转换。我们修改了第三稿学业纸，主要包括思维导引、思维碰撞、思维迁移、思维导图几个部分，突出学生思维活动的重要性，注重学生独立学习能力、思维能力的培养，同时认识到冲突性问题、对抗性活动、论证式反馈的价值。第四稿学业纸渐渐形成特色——把学生置于思维冲突之中。

问题：顾此失彼，第四稿学业纸无法呈现学习目标和学习评价，对“问题”的认识比较深刻，但对“活动”的认识比较模糊，于是教师们只对问题设计比较上心，却认为活动可有可无，学业纸上的“活动与方法”要么千篇一律，要么一片空白。

第五稿　“问题、活动、评价”三大基石的载体

第四稿学业纸出现的问题迫使我们进一步思考，通过学习和反思，我们认识到学业纸应该是承载问题、活动、评价等的工具。2013 年暑期教师远程培训期间，我们再次对香港课堂“工作纸”进行了研究。将第五稿学业纸，在原稿基础上进行了调整：一是强调发掘思维触发点、找准思维碰撞点、重视思维迁移点；二是把问题与任务、活动与方法栏目改为问题与活动、规则与评价栏目，要求“活动”跟着“问题”走，活动设计中要包含活动方式、分层次步骤等，要能引领学生有条不紊地开展活动。同时，利用“规则”约束学生，利用“评价”引领学生，直指“活动”的有效性。

问题：受印刷成本和教师课程能力的制约，学业纸依然存在形式约束创新、集体约束个性的问题，教师使用起来不够得心应手，“怎么也不如自己设计的好”的问题依然存在。

第五稿学业纸样式

《＊＊＊》学业纸

主备教师：________　教研组：________　使用时间：________
学生姓名：________　班　级：________　小　　组：________

教学环节	问题与活动	规则与评价
思维导引	（可含学习目标、前置学习等）	
思维碰撞	问题 1： 活动一： 活动二： …… 问题 2： 活动一： 活动二： ……	
思维迁移	问题： 活动一： 活动二： 活动三： ……	
思维导图：		
学生问题单：		

注：学业纸中的栏目不是教学流程，教师在教学中可以科学安排流程，灵活运用学业纸。

未来稿　个性化的学习探究活动纸

学业纸设计要逐渐走向个性化，即为每个学生（至少每个组的学生）设计不同的学业纸，以促进全体学生的发展；每个教师设计自己的学业纸，没有形式的约束，可以是表格，可以是文稿，可以是试验单，可以是思维导图……

二、第五稿学业纸设计

我们在设计学业纸前需要思考以下六个问题：围绕什么学习问题？采用什么组织形式？运用什么学习方法？开展什么学习活动？达成什么学习目标？如何评价活动质量？经过五次调整，现行的学业纸（第五稿学业纸）以“思维”为主线，包括思维导引、思维碰撞、思维迁移、思维导图、学生问题单五部分。通过学业纸可以看出“思维碰撞”课堂的核心是培养学生的思维能力，因此，教师要依据学生的思维特征、认知规律，让学生多动脑、动手、动口，给学生主动研究、探索、分析、归纳、推理和判断的时间和空间。我们认为，要让“思维”在课堂教学中扎根、结果，就必须对学业纸进行精心设计。

1. 学业纸的三个关键点

（1）思维触发点

思维因触动而激发。上课前，教师需要研究触发学生思维的方法，课堂上，教师需要捕捉触发学生思维的时机。把握好学习起点，是触发学生思维的关键。

学习起点即学生从事新内容学习时已有的知识基础、生活经验和情感体验。新知识一般是旧知识的延伸、拓展，教师在教学设计时一定要关注旧知识与新知识之间的过渡，密切关注学生的学习起点，并据此展开有针对性的教学活动，切不可从主观愿望出发，忽视学生已有的知识储备和生活经验，否则会导致课堂教学游离于学生的实际需求。

此外，我们还要特别注意，不同的课堂活动目标，学生的学习起点是不同的。比如，在以问题解决为主线的课堂教学活动中，学生的学习是以问题的定向思考为起点的，学生要在教师的引导下进行探索；在以信息探索为主线的课堂教学活动中，学生的学习是以教师呈现的信息为起点的，学生要在教师的引导下通过观察和辨析，进行知识的重组；在以实验操作为主线的课堂教学活动中，学生的学习是以对材料的操作为起点的，学生要在教师的引导下通过多次分析、比较，得出新的结论；在以自学尝试为主线的课堂教学活动中，学生的学习是以新问题为起点的，学生要在教师的引导下通过自学、集体质疑或小组讨论形成新的认知；在以小组讨论为主线的课堂教学活动中，学生的学习是以问题情境的表征为起点的，学生要在教师的引导下通过小组合作，获得新知。

（2）思维碰撞点

从思维主体上分，思维碰撞可分为主体内、主体间两种形式。

主体内的思维碰撞是指学习者在遇到问题时，已有知识与新知识、已有观念与新观念、已有方法与新方法之间会产生激烈的思维冲突，这个发生矛盾、产生冲突的点被称为“思维碰撞点”。从这一方面讲，学习就是一个思维碰撞、融合的过程，因此，思维碰撞在学习中无处不在。

主体间的思维碰撞是指不同认知主体对同一个问题的理解在角度、深度、广度以及思维方式等方面存在差异，生成了许多极具个性的观点、看法与思路，需要通过交流发现各自的不同，并自主阐述依据，分析产生不同的原因，从而挖掘出深层次的问题内涵，以找到解决问题的方法，这个因不同而生成的阐释点、交流点即思维碰撞点。从这一方面讲，碰撞即交互式的对话，在课堂的情境引入、新知探究、迁移应用阶段都可以创设思维碰撞点。

有人说，如果把问题理解成认知冲突，思维碰撞则可看作寻找问题解决方法的途径。因此，课堂中的思维碰撞实际上是寻找问题并寻求解决方法的过程。下面是《羚羊木雕》学业纸“思维碰撞”部分的内容。

教学环节	问题与活动	规则与评价
思维碰撞	**辨是非之理** 你怎么看待这件事？ 作者的感情倾向是怎样的？ 你认为这件事怎么处理更好？	**在梳理文章的基础上，谈谈对这件事的思考** 请小组商讨，记录员注意记录，发言员说出依据。 组长分配任务，组织大家从不同的角度思考。
	悟处世之道 在与人相处的过程中应该怎样做才能让生活多一些美好，少一些矛盾与痛苦？	写出一句表达完整的话。
	品构思之妙 本文运用了哪种记叙顺序？作用是什么？	**交流展示** 体会写作方法。

在实践中，思维碰撞实际上是寻求不同观点、不同方法、不同依据等的思维展示、发现差异、信息辨析（回收分析）的过程。

（3）思维迁移点

我们认为，思维迁移即知识迁移，即一种知识对另一种知识的影响。教学中的“思维迁移点”有两个：一是由旧知识引发新、旧知识的碰撞点，我们可以把它归类为“思维触发点”，二是由新知识到实践、应用的过渡点，这需要教师准确地把握时机，创设新的问题情境，引导学生把知识转化为解决问题的智慧。下面是《木兰诗》学业纸“思维迁移”部分的内容。

教学环节	问题与活动	规则与评价
思维迁移	对话木兰，请你选择一种身份，说出你最想对木兰说的话。 假如你是木兰的伙伴：木兰啊，你…… 假如你是木兰的父母：木兰啊，你…… 假如你是当朝的天子：木兰啊，你…… 假如你是《木兰诗》的读者：木兰啊，你……	小组分工合作，每人选一种情况说话。

思维迁移是由表及里、由此及彼的触类旁通，是由感性认识上升为理性认识的思维活动，而不是简单的习题练习或测试试题。

2. 学业纸的两个栏目

在抓住这三个关键点的基础上，我们将学业纸纵向分为问题与活动、规则与评价两个栏目。

（1）问题与活动

① 问题

吉尔福特认为，所谓问题，就是不能即时到达的目标。问得好即教得好。

“思维碰撞”课堂反对“问题碎、活动散、思维浅”的教学。以问题解决为指向的“思维碰撞”课堂，首先需要的是能够提高学生注意力、激发学生思维并给学生带来真正的学习的优质问题。优质问题能引起学生的认知冲突，能触动学生的内心体验，能进行分解探究，能引发学生的质疑、交流、批判，具有明确的目的性。

我们如何判断一个问题能否激发学生的兴趣，促进他们积极参与呢？可以从以下几个方面进行审视：该问题聚焦的内容是该事件或课程的中心吗？该问题能够使学生将知识建立联系吗？比如，将新知识与旧知识相联系等。

设计优质问题时教师需要思考哪些问题 （优质问题很少是偶然提出来的）
1. 我的问题目标是什么？ 这些问题是否引导学生参与了能够使之达到更高思维水平的讨论？ 这些问题以何种方式激发了学生的兴趣？
2. 学生需要掌握哪些事实、概念和技能？ 这些事实、概念和技能重要吗？ 这些问题综合在一起使学生形成了关键性的学习以及持久的理解吗？ 这些内容与各地区的课程和评估一致吗？
3. 学生的回答处在什么样的认知水平上？ 这些问题能引导学生进行记忆、理解、应用、分析、评估和创造吗？ 学生的回答与问题的水平一致吗？ 学生拥有相关的背景知识吗？
4. 学生能理解这些问题吗？ 这些问题的意思是否清晰？ 这些问题的表达具体吗？这些问题是否仅限于一个单独的话题？ 这些问题的表达简洁吗？

有效提问	无效提问
问题的类型、难度与教学目标匹配。 以优质问题引领学生高层次学习。 提问后停顿3秒以上，然后请学生回答。 给予所有学生回答问题的机会。 答案不精确、不完整时进行追问。 对问题尤其是关键问题进行了精心预设。 提问清晰、简短、切中要害。 问题吸引学生。 问题内含方法性支持。 体态语言与问题一致。	只强调低层次或收敛型的问题。 提问只是为了检查学生的知识掌握程度。 不允许学生七嘴八舌，问完问题后不停顿。 依赖于自愿回答。 忽视对不正确或不完整的答案的纠正。 凭直觉或课堂经验提出自发性问题。 问题烦琐或同时问许多问题。 将提问作为惩罚工具。 设计问题时只考虑表述要点。 提问或学生应答时，表情漠然。

布卢姆的认知领域教育目标分类和加德纳的多元智能分类是“思维碰撞”课堂设计优质问题和学习活动的基本依据。

根据布卢姆的六个认知水平提出的样本问题

科目：数学

班级：三年级

目标：

1. 能够描述加法和乘法的相似性。

2. 能够了解加法和乘法的适当用法。

关键性问题：解决问题的更好方法是加法还是乘法？

焦点问题：你怎样确定什么时候该用加法，什么时候该用减法？

知识：

1. 3＋3＋3＋3＋3＋3＝？中，一共有多少个3？

2. 我们把“×”这个符号叫作什么？

理解：

1. 当我们说有几组什么时，我们通常会怎样表达？

2. 为什么运用乘法会得出我们想要的答案？

3. 当我们说能够用加法或乘法的时候，意味着什么？

应用：

1. 怎样以不同的方式解决这个问题？

2. 为什么我选择用乘法解决这个问题，而不是加法？

3. 你会运用乘法解决下面的问题吗？为什么会？为什么不会？

你有 6 个口袋，在 2 个口袋中，分别有 5 个苹果，在另外 4 个口袋中，分别有 4 个橘子，你一共有多少个苹果？

分析：

1. 乘法和加法有哪些相似性？又有哪些不同的地方？

2. 为什么“6×5”和“5×6”的答案相同，意义却不同。

综合：

1. 你能证明乘法可以用于某些加法问题，但不是所有的情况都适用吗？

2. 你能创造一个规则——什么时候该用乘法代替加法吗？

评价：

1. 在问题解决中，哪一个更为重要，乘法还是加法？

2. 你认为他用乘法解这道题对吗？

② 活动

活动是课堂教学的灵魂。活动设计就是教师根据教学目标，把教材内容及相关教学资源转化为供学生学习的、具有可操作性的活动方案。准确地说，活动设计是课堂学习活动设计。第一，活动是为学生学习设计的，而不是为教师“如何教”设计的；第二，学习活动包括学生个体的学习活动、群体的协作活动、师生的交互活动；第三，活动是学生学习的“路线图”和“施工图”，需要有相应的规则与评价，才能保证课堂形散而神不散。优质活动与优质问题一样，很少是偶然提出来的或是教师灵机一动想出来的。

“思维碰撞”课堂强调课堂学习活动的思辨性，关注的是学生在活动过程中是否进行了理性的思考。之所以强调思辨性，旨在鼓励学生进行质疑、批判和推敲、论证，引导学生寻找正见、破除偏见、完善己见。

a. 有助于课堂讨论的活动方式

活动形式	活动步骤	活动说明
自选自答	第一步，提供一个发散性问题，低年级学生还需要教师列出几个观点。 第二步，在组长的组织下，每个组员选择一个观点。 第三步，各自寻找论证自选观点的论据。 第四步，轮流在小组内阐释自己选择该观点的原因和理由。	有利于每个学生的参与和交流；需要学生有主动意识，需要小组规则的约束。
互教互学	第一步，教师向全班学生提出一个问题。 第二步，让学生进行自我思考（有足够的时间），并写下自己的答案。 第三步，将学生进行配对，相互陈述自己的答案及思路。 第四步，选择部分"对子"，向全班同学（或到其他小组）陈述对方的答案或思路，并说明两人协调的结果。	能保证每个学生都参与其中，且是最有效的集体学习方法，需要有监控、评价机制和良好的班级学习氛围。
访谈设计	第一步，准备2～3个问题，用A、B、C等来标注每个问题，将每个问题写在单独的纸上。 第二步，组成2人组，一人提问一人记录，合作采访1～3人。 第三步，运用问题纸，采访你对面的人，同伴记下被采访者的回答。 第四步，访问结束后，采访者一起梳理被采访者的答案并提出自己的观点，被采访者此时只能倾听。 第五步，向全班或其他小组汇报采访内容并阐明自己的观点，寻求其他同学的意见。	能够使所有的学生都参与到提问和回答的活动中去，但活动需要教师精心安排。
打探消息	第一步，指定讨论小组和由二人组成的监听小组，给监听小组分配位置与任务。 第二步，教师提供问题或活动方式，讨论小组开始讨论或活动。监听小组不参与讨论，只负责记录讨论小组成员的发言。 第三步，讨论结束后，监听小组成员向全班（或小组）汇报讨论小组成员的发言内容，然后围绕倾听的话题陈述自己的观点或意见。 第四步，讨论小组解释自己讨论的实际内容或纠正监听者的表述。	这是培养倾听能力和表述能力的好办法，但要注意，监听者不能违反规则参与到讨论中去。

（续表）

活动形式	活动步骤	活动说明
集思广益	第一步，出示答案对立的问题，如“是抢答还是等待”。 第二步，各自写下问题的答案。 第三步，在自己的小组中交流自己的答案并进行讨论，选出本组最佳答案。 第四步，班级讨论，介绍小组的选择及理由。	对比各小组的讨论，注意其不同点。
轮流“坐庄”	第一步，提出一个开放性的问题。 第二步，要求每个学生只能回答一项内容或一个证据。 第三步，学生寻找能证明自己观点的证据，并逐个分工回答。 第四步，小组成员全部起立，轮流回答，一人一个，然后由组长综述。	能够促进小组成员的内部交流，但要注意做好“不动脑”“不配合”“不想说”者的教育工作。
头脑风暴	第一步，给小组提供明确并能激发学生思维的主题。 第二步，在一段时间内让学生无拘无束地就某一个主题进行发言。 第三步，小组内每个人都将自己零散的、不成逻辑的思想火花写下来，并汇集整理，梳理出最有价值的方案。 第四步，准备全班汇报或与其他小组分享。	倾听比发言重要，归纳比观点重要，等待他人比抢着发言重要。
角色扮演	让不同学生分别扮演指导者和学习者的角色，由学习者解答问题，指导者对学习者的解答进行判断和分析。如果学习者在解答问题过程中遇到困难，则由指导者帮助学习者解决。在学习过程中，他们所扮演的角色可以互相转换。	搭建角色扮演者的汇报平台。
成果展示	分发一份讲义，上面包含了对某个问题的五六种有待研究的观点。学生先自主选择观点并进行研究；然后，拿着自己的方案到学习小组内征询意见；最后，选择适合的方式展示自己的成果。	关键在于形成成果的过程监控及专家组评定的严肃性。
	首先，确定问题；其次，选择自主或合作的方式形成问题的解决方案；再次，展示成果（成果可以是报告或论文，也可以是汇报）；最后，专家组（可由教师与学生共同组成）评定。	

b. 有助于竞争对抗的活动方式

竞争的目的是协作，评价是竞争结出的果实或制止恶性竞争的“保险”。

活动方式	活动程序	注意事项
自我竞争	设立目标（目标可由教师、学习小组及自己设立），前后对比，超越自己。	目标不能脱离实际，要“步子小、常对照”。
男女竞争	课堂上可以适当组织男女竞赛。例如，知识竞猜，让男生、女生相互出题考查对方，看谁能最先猜出答案，看谁的问题解决方案最佳，看谁举出的论据最多或最准确……	关注异性同学之间是否相互尊重，严肃制止嘲笑、挖苦。
配对竞争	可以依据学生的学习基础帮学生指定竞争对手，结成一对一的竞争对子，也可以让学生自由选择自己的竞争对手。	要注意对手之间的差距不宜太大，否则容易造成较强一方沾沾自喜、不思进取，而较弱一方气馁的不良后果。
	教师根据学习目标与学习内容，对学习任务进行分解，由不同的学生单独完成，看谁完成得最快、最好。	
组内竞争	教师或小组负责人可在小组内分队，进行不同小队之间的竞争，课堂竞争方式可采取问题抢答、相互提问等。	竞争与协作是小组文化建设的一部分。
组间竞争	给予学生相同的任务，组织学生进行小组竞争，看哪个小组问题解决得最好、最快等。	小组内的分工合作很重要。
	小组竞争积分制：根据小组成员的集体表现或个人表现，给予量化评价，进而按积分排出周、月、学期进步程度高的小组。	可评选出对小组建设贡献最大的学生，为其他学生树立榜样。
	捆绑成绩法：学生 4～5 人一组，努力做到组内异质、组间同质，分组的主要目的就是使小组成员取得更好的测验成绩，最后看哪个小组的总体成绩提高的最多。	小组成员的成绩评价采取进步制，测验分数整体提高的程度是评价小组的依据。

c. 有助于课堂辩论的活动方式

课堂学习中的辩论不同于辩论赛，更多地表现为争议、争论、争辩和不同观点的有序陈述。

辩论方式		活动程序	备注
生成性辩论	二人争议	二人组成学习同伴，可以对共同关心的问题展开讨论与协商，并从对方那里获得问题解决的思路与灵感，但二人也可能对某个问题的解决产生歧见，小组学习组织者要抓住机会，让他们在更大的空间进行争议，陈述观点，进而寻求更多同学的支持。	重点强调“论据比观点重要”，不能让经验主义者凭“三寸不烂之舌”占领辩论舞台。 教师要注意引导，努力做到：力争人人参与，反对“空口无凭”。
	多人争论	如果是共同感兴趣的问题，学生二人一对一的争议很容易引发多人参与，教师要善于抓住契机，让多人进行争论，并引导学生在“论”字上下功夫，让议题变成有理有据的论题。	
	自由辩论	首先，按观点确定正反方；接着，采用不举手发言的方式，让学生自抢发言权；最后，由教师指定归纳人或教师本人陈述正反双方的观点及理由，并明确问题的最佳答案。	
		由学生一对一辩论引发更多的“支持者”或“反对者”自觉地加入，辩论内容不断拓展，学生会提出许多后续性问题。同时，教师的恰到好处的追问可有效点燃学生自由辩论的热情。	
		把所有学生分为“一对一＋评判员”的组合。根据辩题，学生各自选择观点，进行一对一辩论，第三方即评判员点评并监督辩论进程。	
预设性辩论	结对辩论	四人小组分成两个正方、两个反方，辩论两个问题。辩论的时候，两个同学先一对一辩论，另两个同学先倾听、评判，然后再交换。	
	小组辩论	第一步，各小组围绕给定的主题，确定本组的观点。 第二步，寻找证据、资料，支持本组的观点。 第三步，教师了解不同小组的观点，确定正方与反方，同时确定裁判或中立方。 第四步，双方围绕主题展开辩论，辩论顺序为对立的双方各自论述自己的观点，然后针对对方的观点进行辩驳。 第五步，由裁判或中立方对双方的观点进行裁决，观点论证充分的一方获胜。	

（2）规则与评价

我校的"思维碰撞"课堂以培养学生的思维能力为核心，可是单纯的行为参与方式并不能促进学生高层次思维能力的发展，只有以积极的情感体验和深层次的认知参与为核心的学习方式，才能促进学生思维能力的提高。在这一过程中，如何避免热闹花哨的课堂出现？如何确保我们组织的学习活动（含小组活动）有效？

我们可以通过规则与评价来解决这个问题。规则与评价实际也是一种支架。二者是一对孪生兄弟，好比交通规则与交通执法一样。规则即要求、程序、结构等。比如，"如果前面的小组已经分享了本组原本准备说的观点，就说'同前'"这一规则，既避免了因重复而浪费时间，也暗示了学生要倾听他人的发言。规则是一种约束，可以引导学生按照步骤和要求，有条不紊地参与学习活动、完成学习任务。评价是促进学习和提高成绩不可或缺的课堂元素，它与教学活动的地位同等重要，应该伴随着学生学习的整个过程。

"规则和评价"栏目的设计，一方面可以节省教师上课时间，保证教学进度；一方面可以给学生以"怎样做，做到什么程度为好"的引领。这些看起来复杂的内容，在帮助学生建立规则意识的初期，在解决"活动杂乱"难题方面，尤为必要。需要注意的是，教师应将评价植入学习过程之中，使评价成为引领学生主动学习的基本元素。

在设计学业纸时我们要防止以下几个问题：①学业纸变成了教材的翻版，教材上有什么，学业纸上就有什么；②学业纸变成了试题纸；③学业纸中设计的问题过于简单、零碎；④学业纸中设计的问题只重结果，不重过程或深层知识的挖掘，不能体现学生的思维过程，缺乏思维过程，学生表达出来的东西就没有意义，没有意义的东西就不可能使学生产生思维碰撞；⑤学业纸中设计的题目和评价要求无法体现层次性，不能使不同层次的学生都从中学到知识，享受成功。

下面是单晓霞老师设计的学业纸，这份学业纸较好地体现了第五稿学业纸的基本要求，问题凝练，活动明确，富有层次。

《湖心亭看雪》学业纸

主备教师：单晓霞　　教研组：________　　使用时间：________

学生姓名：________　　班　级：________　　小　组：________

教学环节	问题与活动	规则与评价
思维导引	学习目标 1. 掌握文言实词、虚词，疏通文意，理解课文内容。 2. 学习描写雪景的方法，体会作者所表达的感情。 情境导入 1. 课前让各组按专题收集雪景图片。 2. 描述你最喜欢的一张图片，说说喜欢的原因。	1. 所选图片能凸显特色为A，否则为B。 2. 语言简洁明了，介绍特点明确为A，否则为B。 3. 组内交流图片，选出最符合以上要求的图片参加班级展示。 4. 组长根据以上要求，以A、B评价本组同学作业的完成情况。
思维碰撞	**问题一：本文描绘了怎样的雪景？** 活动一：借助课下注释和工具书初读课文，掌握字音、词义，疏通句意，标出读不准和不理解的词句。组内解决疑难词句后，组员独立完成下列习题，组内互批。 1. 注音。 挐（　　）　　毳衣（　　） 雾凇（　　）　　沆砀（　　） 一芥（　　）　　强饮（　　） 2. 解释下列词句，并单独解释加点字。 人鸟声俱绝： 挐一小舟： 雾凇沆砀： 焉得更有此人： 强饮三大白： 活动二：用自己的语言描绘文中的雪景。 1. 组内发言，整合出本组最佳文段，准备全班交流。 2. 全班交流，达成共识。	活动一： 1. 按照“独立学习—合作解疑—独立练习—组内互批—改错巩固”的程序来完成。 2. 各组1、2号全对为A，3、4号出错不超过2处为A，5、6号出错不超过3处为A。达不到A的为B。 3. 计分。（按达到A的人数计分） 组员全为A，加5分；每少1个A，便减1分，可得负分。 组长计分，课代表统计。 活动二： 1. 各组6～1号依次发言后，各取所长，整合出本组最佳文段。5、6号整理记录。5号代表本组发言。 2. 各组抢发言机会，教师点评计分。

(续表)

<table>
<tr><th>教学环节</th><th>问题与活动</th><th>规则与评价</th></tr>
<tr><td rowspan="4">思维碰撞</td><td>问题二：联系柳宗元的《江雪》理解本文，体会二者在描写手法和表达感情上的异同。
活动一：分析二者的描写手法。
小组分工进行合作学习。</td><td>活动一：
1. 各组5、6号背诵《江雪》；3、4号分析描写手法；1号补充、纠正并归纳、总结；2号整理记录，并代表本组发言。
2. 发言要求：先点明描写手法，再以句子为依据，加以分析。
3. 各组抢发言机会，教师点评计分。</td></tr>
<tr><td>活动二：本文中“独往湖心亭看雪”的“独”与《江雪》中“独钓寒江雪”的“独”是否相同？
小组分工进行合作学习。</td><td>活动二：
1. 各组5、6号找出相应的句子；3、4号做出判断并分析；1号补充、纠正；2号整理记录，并代表本组发言。
2. 发言要求：先表明观点，再以词句为依据加以分析。
3. 各组抢发言机会，教师点评计分。</td></tr>
<tr><td>活动三：你如何看待张岱“明亡后不仕，入山著书以终”？
独立思考，明确自己的观点，参加班级辩论。</td><td>活动三：
1. 自由发言，有理有据地表达自己的观点，支持或反驳别人的观点。
2. 能明确表达自己的观点加1分，能以恰当的事实或理论支持自己的观点加2分，语言流畅且具有感染力加1分，目视辩论者，仪态自然大方，无不良习惯加1分。</td></tr>
<tr><td colspan="2">设计方法：
1. 围绕课文核心内容分层设计问题，然后逐层解决。
2. 问题设置由浅入深，一般按照“课文内容—描写手法—思想情感”的思路来进行。
注意事项：
1. 不论是问题还是活动，都是引领学生学会学习的策略与步骤，要借此教给学生如何学习，而不仅仅是让学生回答某些题目。
2. 设计问题与活动，要以引领并帮助学生学会学习为目的，而不能以完成教师的既定教学目标为目的，更不能为活动而活动，为活跃而活动。
3. 思维的碰撞不仅表现为对立面的碰撞，还可表现为对某一问题的补充、完善和提升。</td></tr>
</table>

（续表）

<table>
<tr><th>教学环节</th><th>问题与活动</th><th>规则与评价</th></tr>
<tr><td rowspan="2">思维迁移</td><td>问题：运用白描的手法，描绘泰城某一条道路的秋景。
活动一：认真观察，组内交流。
上学、放学路上认真观察，并向本组其他同学口头描述所见所闻。
活动二：写出所见所闻，组内推选，班内张贴展示。
将口头描述落实为文字，组内交流修改，选出 2 篇较好的文章，誊抄在方格稿纸上，并张贴展示。</td><td>活动一：
能描述且被听者认可为 A，否则为 B。
活动二：
各组长课下给其他组的作品打分（分 A、B、C 三等），课代表统计各组得分。
A 等：运用了白描手法，准确写出了某条道路秋天的景色。
B 等：运用了白描手法，但未突出某条道路的秋景特色。
C 等：未运用白描手法。</td></tr>
<tr><td colspan="2">设计方法：
1. 立足课内，向课外拓展。
2. 立足知识，向运用迁移。
3. 立足语言、文字、文章，向文学、文化、文明拓展迁移。
注意事项：
1. 学是为了用，用才能促进学，要注意引导学生在运用中理解、内化所学知识，不能将重复巩固性的练习当作拓展和迁移。
2. 抓住一点，不求面面俱到。这“一点”，可以是本课最重要的一点，也可以是本课新涉及的一点，或者不易掌握的一点。</td></tr>
<tr><td colspan="3">思维导图：（请将你认为需要概括、梳理的内容补充进去）
1. 根据教学内容及实际情况，给出“成品”“半成品”或空白，由学生补充、完成。
2. 允许学生根据自己的能力及需要，做出或繁或简的图示。</td></tr>
<tr><td colspan="3">学生问题单：
1. 学生提出课前自己或本组不能解决的问题。
2. 学生提出对学业纸上所设计的问题、活动的不同看法。
3. 小组汇总，提前 1～2 天上交。（至此已经完成了课前的一次生生思维碰撞）
4. 教师借此了解学生对本课的认知程度，便于调整教学思路。（至此已经完成了课前的一次师生思维碰撞）</td></tr>
</table>

三、第五稿学业纸的运用

在教学过程中，如何使用学业纸呢?

环节 1：提前一天发放学业纸，让学生按学业纸中的提示进行自学。

环节 2：提前全批或批阅 1 号和 2 号学生的学业纸，并指出其存在的问题。

环节 3：1 号、2 号学生检查 3 号、4 号学生的学业纸完成情况，将存在的问题记录在《小组工作手册》上。这三个环节都是课前完成的。

环节 4：课堂教学。

课堂教学又分为以下环节。

（1）小组交流，教师巡视点拨

① 小组交流，教师巡视。巡视时要注意观察各小组动手验证的方法和过程是否正确，并及时给予指导。

② 及时表扬学习认真的学生，鼓励学困生积极参与。

③ 观察各组的学习进度，督促同组学生互相帮助，引导学生互相更正，让他们各抒己见，说出错因和更正的道理，尽量让中等生帮助学困生。

（2）小组课堂展示

让每个小组都回答学业纸中的一两个问题，有不同意见和见解的学生可以补充、质疑。小组相互答疑，教师点拨，最终达成共识。

（3）巩固练习

基础题可由 4 号学生上台展示，如果对了，说明该学生掌握了相关内容，如果错了，可以请 2 号或 3 号学生分析错的原因，引导 4 号学生更正。拔高题可请 1 号学生上台展示，1 号学生解决不了的问题可请教"小老师"，"小老师"也不会的再由教师点拨。

（4）思维导图

因为之前我们已经教给学生一些梳理知识的方法，现在，我们开始尝试放手让学生自己整理，组内交流，然后小组推选出好的思维导图进行全班交流，教师给予评价，培养学生有序整理、有序思考的好习惯。

（5）自我评价、小组评价、教师评价

关于评价，我们选择自我评价、小组评价、教师点评相结合的方法。自我评价是学生自我完善的"催化剂"。教师要引导学生正确地进行自我评价，使学生认清自己的实际情况，从而坚持优点，改正缺点。小组评价包括组内互评和组间互评。在进行小组评价时，教师要引导学生客观地评价他人，并制订评价细则，以使学生的评价有据可依。教师点评是小组合作学习质量的保证，是学生进步的“强化剂”。教师对学生进行评价时，应尽量使用激励性语言，以培养学生的自信心。

值得指出的是，无论采用怎样的评价方式，都要以促进个体发展为重要原则，以促进学生心理素质全面、健康发展为宗旨。

第二节　思维导图

思维导图既是引领学生学习和思维发展的知识结构树，也是展示学生思维成果的物化图。

一、何谓思维导图

思维导图又称心智图、灵感触发图、概念地图或思维地图，是表达放射性思维的有效性的图形思维工具，它简单且极其有效，是一种革命性的思维工具。

我校通过实践证明，在课堂上使用思维导图具有以下优点：①知识的层次感鲜明，逻辑严密；②知识条理清晰，有助于学生将知识系统化；③有助于知识的重现，提高学生的学习效率；④体现创新思维；⑤在40分钟的课堂上，学生动脑的时间比动手的时间多。

二、思维导图的设计与运用

思维导图与小组学习结合使用，主要用途有如下几点。

1. 制订学习计划

运用思维导图进行学习规划，制订学年计划、学期计划、月计划、周计划，甚至可以细到制订每天的学习计划。学习情况，全局掌握；学习进度，清楚明白；学习方法，了然于心。学习计划可以根据实际情况随时做出调整，从而合理安排时间，提高学习效率。

例如，将一个计划做成思维导图，计划主干用图表示。

第一分支：进行自我分析，包括学习特点、学习现状等。

第二分支：确定学习目标，要适当、明确、具体。

第三分支：科学安排时间，要突出重点，有机动时间。

第四分支：必要的补充、说明、注意事项。

2. 课前预习

在空白纸中心写出预习主题，最好用图表示。

第一分支：写出没有看书时对预习问题的想法，目的是调查自己的前概念，唤起知识储备。

第二分支：阅读教材，明确本课的学习目标、任务、要求、重点和难点，抓住关键词画出整体框架。

第三分支：写出尚未解决的疑难问题，以便上课时重点解决。

第四分支：自觉完成部分自选练习，通过练习筛选出自己的思路还有哪些没有疏通之处，还应掌握哪些解题方法等。

第五分支：必要的补充、说明、注意事项；上课要准备什么资料、文具。

3. 做课堂笔记

在预习时所画思维导图的基础上进行听讲，对于已懂的内容，重点听教师如何讲解，学习教师表述问题、阐述概念的方法；对于不懂的内容，认真听讲，深入探究，务必弄明白，听懂学会。

学生在课堂上用思维导图做笔记，在制作思维导图笔记过程中，学生要加入自己的思考、分析、理解，这样可有效地加深对知识的理解。同时，思维导图充满色彩、图像和其他符号等，让学习变得更有趣了。

4. 记录小组学习成果，作为课程资源

教师可以利用思维导图引导学生进行思维碰撞。在进行小组讨论时，学生可以将大家在讨论中的意见和观点及时用思维导图分类记录下来，然后进行整理，从而得到一个较完善的思维导图；也可以先由各人画出自己的思维导图，然后在各人思维导图的基础上分析并讨论，组成一个共同的、较完善的思维导图，这样一来，小组成员的归属感及合作精神也将得到提升。

5. 交流和成果展示

绘制思维导图时强调使用关键词，而关键词则是所有知识、概念、要点的总结和提炼。当教师或学生需要表达自己的想法时，使用思维导图可令听者更容易明白。

6. 构建知识网络（总结和复习）

一节课结束后，可选取自己最满意的思维导图作为最终的课堂笔记保存下来，以备今后复习之用。还可以将每节课的思维导图作为分支图，并入总图，以便及时将新学的知识归入已有的知识体系，帮助自己进行知识构建，形成学科知识网络。

以下是学生设计的两幅思维导图。

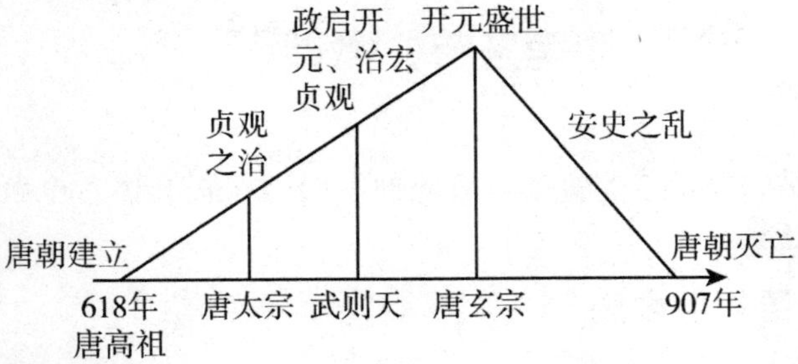

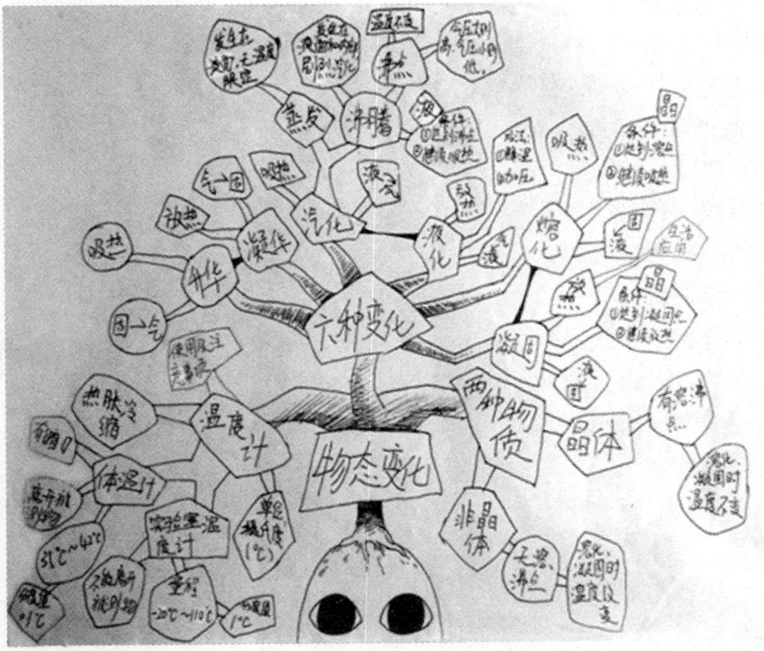

思维导图能清晰地展示各知识点及概念间的脉络关系。以一本书为例，可以先根据目录画出总的思维导图，然后再根据章节内容，把重要的知识点、概念等放到相应的分支上。课堂学习结束后，每课所得的思维导图都是一幅分支图，把它放到相应分支上，就可以构建整本书的知识网络。

在进行期中、期末复习时，教师可引导学生汇总每节课的思维导图，在深入理解的基础上，将不同的知识点、概念等整理成一幅合理而又系统的思维导图。这样一来，学生就能从宏观上把握知识，对知识有更深层次的认识和了解。同时，思维导图色彩鲜明，简洁明了，学生利用早、中、晚及睡前 3～5 分钟的时间就可在头脑中回忆一遍，这能使学生的复习快速、高效。

第三节　微课程

微课程是解决学生前置学习缺乏的视频类课程载体，也可用于学生自主学习和主动复习。

一、微课程的内涵

1. 何谓微课程

微课程是指时间在10分钟以内，有明确的教学目标，集中说明一个问题或核心内容的视频小课程。

2. 微课程的价值

（1）思维价值

微课程视角独特，能帮助学生突破思维定式、拓宽思考问题的角度、寻找新的问题解决策略，能促进生生、师生之间的思维碰撞。

（2）成果价值

微课程有助于统一话语体系，大问题小视角，小问题深追问，返璞归真，建立学习课程资源库。

（3）美学价值

微课程的音乐美、画面精，有利于学生在轻松的氛围中陶冶情操、快乐学习。

3. 微课程的分类

（1）从制作的角度来看，微课程可分为三种类型。

第一种类型：PPT式微课程。此类课程制作比较简单。先制作由文字、音乐、讲解、图片构成的PPT，然后教师讲解PPT中的内容，其他人进行拍摄，时间为5～10分钟。

第二种类型：讲课式微课程。由教师按照微课程的相关要求，进行授课拍摄，经过后期剪辑转换，形成微课程，时间为5～10分钟。

第三种类型：原创式微课程。此类课程借鉴电影拍摄模式，以教研组为单位成立微课程研发团队，对课程内容进行设计，对专题内容进行讲解，同时进行拍摄，经过后期剪辑制作，最终形成微课程，时间为5～10分钟。

（2）从使用的角度来看，微课程可分为新授课微课程、复习课微课程、实验课微课程、拓展课微课程，等等。

二、微课程的设计与运用

1. 我校实践的微课程类型

(1) 思维导图式：按照一定顺序，由点到线、由线到面地呈现知识，帮助学生理解所学内容特别是弄清知识之间的联系，建立知识结构。

(2) 问题剖析式：抓住教学重难点，巧妙设疑，逐步剖析，展现思路，让学生掌握方法，解决问题，引导学生看到问题背后的问题，举一反三，触类旁通。

(3) 活动资源式：为学生的课堂辩论、展示、提问、质疑、角色模拟等活动提供支持，为学生的探究搭建起资源性支架。

2. 制作微课程的要求

(1) 主题突出，指向明确

微课程的教学目标要明确，主题要突出。一个微课程要解决一个知识点，讲解时要围绕主题，重点突出。

(2) 深挖细节，加强互动

要挖掘能使学生深度学习的、完整的、短小精悍的问题，以促进学生的思考。应用系统思维方法对问题进行整体策划，追求“会当凌绝顶，一览众山小”的效果。课时较长的重点内容可划分成若干个小主题，把内容相关的微课程组织成小专题，供学生选学。

(3) 与学业纸结合

微课程是一种为学生前置学习而准备的课程资源，而不是课堂上供教师使用的多媒体课程资源，所以其关键在于应用。微课程应与学业纸相结合，做到相辅相成、相互制约，提高教学目标的达成度。

3. 制作微课程的相关技术指标

(1) 字号

主标题字号 60～80 磅，副标题字号 20～40 磅，正文字号 40（±6）磅（特殊情况除外），如果同页出现大小不同的字，反差控制在±20 磅。

(2) 字体

醒目，字体粗，看得清。

鼓励使用方正综艺简体、黑体、方正超粗黑简体等；少用宋体、隶书、行书等。

（3）字数与速度

项目	教师课程	学生课程				其他
		小学低年级	小学中年级	小学高年级	初中	
每页最多字数	35 字	20 字	25 字	30 字	35 字	如果字数超过要求可分批利用动画呈现或明暗呈现
播放速度（字/秒）	5～6 字	3 字以内	4 字	5 字	6 字	
特殊页面播放速度	思考页面		3～5 秒：如“你知道吗?”“思考 5 秒。”			
	过渡页面		1～2 秒：如“开始。”“接着看。”“怎么样?”			

（4）模板与背景

基本背景为白底黑字或黑底白字；特殊情况可用红色、黄色等，但不可做主体色。

（5）图画与布局

微课程的风格尽可能统一，一般有以下几种风格。

图画版：以画为主。

绘本版：画中加字，画中套字，适合于精典故事。

小人书版：字、图分离，上图下字或上字下图，图占 80%，字占 20%，适合于电影、精典故事，注意同一页一般不出现两幅图。

文字版：以字为主。

字图版：以字为主，以图做点缀，且图不宜用动画。

（6）手写板的使用

在微课程的讲解过程中，手写板起到黑板的作用，教师需要借助手写板将自己的思路展现给学生。

制作微课程前，需要先设计一个 PPT，对于在微课程中使用的 PPT，其制作要注意以下几点要求。

① 动静结合

充分利用 PPT 的“自定义动画”功能，创造动态感、空间感。

② 图文并茂

图版率在 50%～90%，多选用具有亲和力的插图或较专业的照片。

③ 图片合适

表现力强的图片，如脸部图片，适合表现主题，不适合做背景；表现力较弱的图片，如云海，适合做背景，不适合做主题。

④ 舒服的色彩搭配

一般来讲，在一张幻灯片中除了黑色和白色外，最多可搭配 3 种颜色。

微课程的使用主要是在课下时间，教师可以通过公共邮箱等发布，同时要制订相应的学习要求。微课程学习需要自我监督、家长督促和教师督促，教师要与家长加强沟通，以实现微课程学习的最佳效果。

第五章

“思维碰撞”课堂的经验积累

第一节　小学语文课堂

一、小学语文学科的特点

1. 从学科地位和作用的角度看

（1）基础性

小学语文教育是一个人接受教育的起点，是实施素质教育的重要基础。基础性的知识不在于多而在于精，在于为学生今后的发展打下坚实的基础。如拼音、汉字、词语、句子、文段、作文，还有朗读、背诵、说话等。这一时期的语文知识是学生学好其他学科的基础，会对学生今后的发展和学习产生重大影响，同时为学生以后走向社会奠定基础。

（2）人文性

从学科联系和德育的角度看，小学语文课程首先关注的是人类悠久、灿烂的文化，以及儿童的健康成长与发展，是对儿童人文情感的熏陶。多年来，我们见到的各种小学语文教材的语言中无不充满着人类丰富、美好的情感，在童话、诗歌、散文、小说里，在编者精心设计的训练里，在与学生的语言交流中，甚至在大多数实用文体中，都或多或少地流露出人类应有的美好情感。因此，在语文教学中，教师必须创设文化情境，以文激情、以情激情、以境陶情，才可能以文教人、以情感人，以健康、高尚的人文情境育人。

（3）工具性

语文的工具性指的是语文是一门基础工具学科。它表现在两个方面：一方面，语文是最重要的交际工具，是人类表达思想、交流感情、传递文化的工具；另一方面，语文是学好其他所有学科的工具学科，只有学会熟练地使用语言，才能进行良好的阅读与表达，这是学习其他学科所必备的条件。

2. 从学习过程和活动的角度看

（1）实践性

对于小学语文学科中的知识、技能和方法，学生只有通过不断实践才能逐步掌握。离开了丰富多彩的语文实践活动，学生即便在语文课上能够学到一些知识，也会因不能运用而无法巩固，更谈不上将其转化为语文能力。小学语文教学必须以语文实践和语感培养为基础，把默读、朗读、背诵、说话、书写、作文六项主要语文技能作为学生训练和实践的基本点，培养学生的听、说、读、写能力。

(2) 积累性

语文学习需要日积月累，需要不断自我感悟，需要将大量外在的语文材料不断转化成自己的语言和精神。要学好语文，书读少了不行。教材中的选文都脍炙人口、感人肺腑、语言优美，都值得读和背。当学生的语言文字及语文情感积累到一定程度，许多技能就会自然而然地产生。

(3) 外显性

从语文学习活动的形式看，大部分都是可外显的。语言有声，文字有形，可以外显。朗读、背诵、写字、说话、作文等语文基本技能在学习和运用时也可以外显，它们都具有向外传递信息的功能，即宣传和交际的功能。因此，一个人的语文水平是最容易当众展示和让他人感觉到的。

3. 从学习对象和内容的角度看

(1) 广域性

从内容和范围看，可以毫不夸张地说，人文世界有多大，语文所涉及的范畴就有多大。

若从学科结构体系这个角度看，语文的知识体系可涉及语音学、文字学、语法学、词汇学、语用学、逻辑学、文学、哲学、美学等诸多范畴，能力体系涉及阅读学、朗诵学、演讲学、写作学、心理学、交际学、书法等多个领域，每一个领域都与语文教学息息相关。为了从各方面丰富和发展学生的语言和思维，近年来的诸多语文教材均选入涉及多学科领域的各种体裁的文章，内容更是涵盖古今、广及宇宙，自然学科知识和社会学科知识均有涉及。自然学科、社会学科的一些文质兼美的优秀文章虽然主要介绍的不是语文知识，但我们还是能够从中感受到语文的魅力。自古至今，人类悠久的历史文化和巨大的精神财富都要靠语言文字来珍存和传承；现代社会中，政治、经济、外交、教育、文艺、军事等方面的信息都要靠语言文字来表述与沟通，其中大量的内容都与语文相联系。

(2) 开放性

语文学科不但在内容上具有开放性，在教学方式上也具有开放性，可以读、可以问、可以说、可以唱。而且，面对社会，面对生活，语文学习无处不在，看小说、看报纸、看电视、看文艺演出，等等，甚至街头的标语、广告都是学习语文的机会。

(3) 易学性

语文最容易接触和运用，在我们的生活中比比皆是。生活中到处都是语文学习的媒介，中文报刊浩如烟海，大街小巷的中文广告和招牌铺天盖地。无论是谁，只要想学语文，就能学到。

语文的内容贴近生活、反映生活，而与生活密切联系的内容是最容易使人产生联想的，联想记忆法是最可靠的记忆法之一。

二、小学语文“思维碰撞”课堂的实施基础

在语文课堂学习中，由于视角不同，学生会有不同的观察点，产生不同的认识，即使是对同一问题的认知，也是有的较全面，有的较片面，有的较深刻，有的可能错误。因此，在学习过程中，学生之间就会产生不同观点的对立、冲突，从而引发思维碰撞。

小学语文“思维碰撞”课堂教学，以思维导引、思维碰撞、思维迁移为特点，以促进教师由备教材、备教法转变为备学业纸、备学生、备学法，使学生动起来、课堂活起来、教学效果好起来、学生负担减下来为目的。其实施基础有以下几点。

1. 明确的学习目标

学习目标是一堂课的核心，课前围绕它准备，课中围绕它展开，课后围绕它巩固。有没有实现学习目标是评判一节课成功与否的重要标志。

2. 学生、教师和文本

学生是学习的主体，没有学生就不存在教学活动，学生是教学活动的根本要素。学生这一要素主要包括学生的身心发展水平、已有知识结构、个性特点、能力倾向和学习前的准备。教师这一要素主要包括教师的素质，即教师在教学活动中表现出来的，决定其教育、教学效果及对学生身心发展有直接影响的心理品质的总和。文本是生生之间、师生之间沟通和对话的基础，脱离了文本，思维碰撞就毫无意义。

3. 思维碰撞点

在学习过程中，新旧知识会产生激烈碰撞，是维持原有知识、观点，还是接受新知识、新观念，思维的激烈冲突促使学生生成了许多具有个性的观点与看法。这个发生矛盾、产生冲突的点即思维碰撞点，语文课堂教学就是要依据这个思维碰撞点展开。

4. 批判性思维的对话交流

巴西教育家保罗·弗莱雷认为，除非对话双方进行批判性思维，否则真正的对话无从谈起。只有要求学生进行批判性思维的对话，学生才能产生批判性思维。没有了对话，就没有了交流；没有了交流，也就没有了真正的教育。

5. 评价与反思

评价包括形成性评价和总结性评价，同时将学生评价与教师评价相结

合。通过评价，学生可以了解自身的优缺点，进而取长补短。评价对教学过程具有监督和控制作用，对教师和学生具有促进和强化作用。评价本身也是一种教学活动，在这种活动中，学生的知识、技能将获得增长，甚至产生飞跃。反思，是一种发现、一种碰撞。教学反思既是重要的教学要素，又是提高教师教学能力的手段和方法。通过教学反思，教师可以总结失败的原因及成功的经验，进而获得成长。

三、小学语文“思维碰撞”课堂的具体实施方式

建立合作课堂，是构建小学语文“思维碰撞”课堂的基础。合作课堂的抓手是小组合作和学业纸。

1. 采用小组合作的学习方式

小组合作是思维碰撞的载体，在分组之前，教师要全面了解班内学生，根据学生的性别、兴趣倾向、学习水平、交往技能、守纪情况等进行分组，做到组内异质、组间同质。

例如，一年级学生年龄小，我们根据一年级学生的认知水平和学习习惯，结合语文教学内容，有意识地逐步培养学生的小组合作意识和能力。在一年级语文课堂上，识字和写字占很大比重，如果只是单纯地靠教师教授，会让学生觉得枯燥乏味，这时候就可以发挥小组合作的作用。如人教版一年级上册《我多想去看看》一课中，教师需要对“广、升、足、走”四个字进行指导，此时，学生已经对书法有了一段时间的训练，并不需要教师一笔一画地对每个字进行拆解和讲授，这时便可进行小组合作学习。课前，教师对组内 4 名学生进行分工，学生 A 说生字笔顺（找组内相对内向的学生，这样既不会给学生太大压力，又能锻炼学生的表达能力），学生 B 具体说说每一笔的占格（找组内书写最好的学生），学生 C 组词，学生 D（组长）主持，并对其他三位同学的发言做补充和修正。以下为小组合作汇报的实例。

生 D：大家好，我们是好好组，下面由我们组来展示刚才小组合作的成果。我们先请 A 来说说“升”字的笔顺。

生 A：“升”字的笔顺是撇，横，竖撇，竖。

生 B：请大家认真听我说“升”字的占格。“升”字的撇写在左上格的这个位置（边说边指），起笔在竖中线上；横写在横中线上，稍稍向上倾斜；竖撇的起笔在第一笔“撇”的尾巴上；最后一笔悬针竖要长。

生 C：“升”字的组词有升旗、上升。

生 D：下面我来补充一下，大家写“升”字的时候要注意，最后一笔“竖”的起笔是这个字中最高的，悬针竖写起来要稳。“升”字的组词还有

回升、升起……

这样的写字课，不再单调，学生的写字热情会越来越高。

在语文课堂中，识字部分的教学也可以以小组合作的形式开展，如小组长领读、组员互相读、四人生字扑克……丰富多彩的学习活动可以激发学生的学习积极性。

小组合作学习打破了以往只注重解决一些难以解决的问题的教学方式。但教无定法，针对小学语文教学我们还进行了更深层次的研究和探索。

(1) 小组合作学习的内容要有针对性

如果单纯从学习角度来讲，课堂教学的所有内容都可通过小组合作学习的形式来完成，但从效率角度来讲，就必须对小组合作学习的内容进行取舍和优化。哪些内容最适合小组合作学习呢?

具有争议性的内容适合小组合作学习，如分层理解关键词语、理解文中的重难点等。通过小组合作学习，引导学生多角度、全方位地思考问题，达到集思广益的目的。如在《给予树》一课的学习中，教师可以引导学生借助学业纸上"画出描写金吉娅的句子，抓住关键词谈谈你读懂了什么?"这一重点问题展开小组讨论，帮助学生体会金吉娅对一个陌生女孩的爱。

具有合作性的内容适合小组合作学习，如分角色朗读课文、分工完成某些练习等。这些内容一般量大、面广，通过小组成员的分工与合作能有效节约时间，提高效率。

在教学《两小儿辩日》一文时，我引导学生进行小组合作学习——分角色表演课文内容。小组内两人扮演小孩，一人扮演孔子，用文言文进行辩论。一小儿曰："日初出大如车盖，及日中则如盘盂，此不为远者小而近者大乎?"字正腔圆，语气强烈。一小儿曰："日初出沧沧凉凉，及其日中如探汤，此不为近者热而远者凉乎?"节奏明快，针锋相对。孔子曰："吾不能决也。双方斗为平局，不分胜负。""哦!"全班发出热烈的喝彩声。我接着说："孔子当年判平局反映了孔子'知之为知之，不知为不知'的实事求是的态度。假如孔子现在还活着，他会怎么样裁决呢?"学生抢着答："仍然是平局。""为什么?""因为两个小儿的观点都是错误的。两个小儿观察事物时仅凭直觉，所以被一些表面现象迷惑了。早晨、中午的太阳离地球的距离是一样的，太阳大小也相同。"在讨论过程中，学生很好地理解了课文内容，掌握了文章的中心。

学习是为了满足个体内部的需要，只有学生愿意学，才能学得好。在上述教学片段中，学生在充满趣味的表演中对知识产生了渴求，学习自觉性自然而然就会表现出来。无论是谁，都会有自己的兴趣爱好，让学生根据自己的兴趣爱好选择学习任务，能使他们不仅会学习，而且乐于学习。

（2）小组合作学习的形式要多样

小组合作学习要根据不同的内容采取不同的方式。

合作式。小组内分工合作，发挥群体智慧，共同完成某项任务。例如，刘春青老师在教学《掌声》一文时，要求学生找出两处描写掌声的句子，学生通过分工寻找、交流，大大节约了时间，提高了效率。

争辩式。针对课内出现的一两个矛盾焦点进行全班性的争辩，学生参与的机会就很有限，如果能及时地把这些激活学生内部语言的小话题放在小组内展开，则可以有效地扩大学生的参与面。

交流式。学生自学之后，再进行小组交流，可以取得良好的学习效果。如学生初读课文后，小组交流生字、新词的信息。

竞争式。可以是小组与小组之间的竞争，也可以是小组内的竞争。如课文中的精彩章节，可以让学生"打擂台"演讲，从而使学生深入理解相关内容。

小组合作学习的形式还有很多，在实践中我们可以多种形式交错或同时使用，以发挥小组合作学习自由、灵活、高效的作用。

（3）小组合作学习的时间要准确

过多过滥的小组合作，必然会分散学生的注意力，造成学生心理疲劳和注意力不集中的不良后果，从而影响学习效果。从教材的重难点处设想，只有科学地选准合作学习的时间，才能突出重点，突破难点。可见，小组合作学习的时机是否适宜，直接影响到小组合作学习的效果。准确把握小组合作学习的时间、时机，要注意以下几点。

① 时间要限定

既要做到让每个学生都能参与活动，又要限制学生对某些问题的无休止的争论。所以在每次小组合作学习之前，教师要明确给出时间限制，这样有利于培养学生的时间观念，同时能督促学生积极参与学习活动。

② 时机要得当

在突破重难点时运用小组合作学习，有助于调动全体学生的积极性。对于教学重难点，学生往往要充分发挥自己的潜能才能真正理解掌握。学生独立学习重难点时常常会出现这种现象：学优生和中等生往往没有十足的把握；学困生大多一知半解，感到无从下手。学生独立学习后，再转入小组合作学习，你一言，我一语，便会茅塞顿开，思路清晰，进而体会到成功的喜悦。在解决学生的质疑问难时，教师组织学生开展小组讨论，有助于确立学生的主体地位。学生自读课文时，往往会提出疑问，这时教师要从学生提出的一系列问题中筛选出具有代表性的问题，让学生开展小组讨论，把主动权交给学生，这样能发挥学生的主体意识和协作精神。

（4）小组合作学习的评价原则

① 评价的主体多元化

在整个教学过程中，参与的主体无非是教师、学生以及由学生组成的小组。所以在进行小组评价时，应该充分发挥学生的主体作用、教师的引导作用，实施以学生自评、互评为主，教师评价为辅的评价方式。

② 评价的内容要全面

评价应该贯穿于课堂学习的始终，不论是问题导学、知识训练，还是巩固达标，都要纳入评价内容。评价不仅要关注参与展示的学生，还要关注未进行展示的学生；不仅要关注学生的知识学习结果，还要关注学生的情感态度与学习习惯。

③ 评价的标准要符合教学目标

评价的主要目的是促进学生的学习，以达成教学目标，所以评价标准的制订既要依据教学目标，又要照顾学生的实际情况。如课堂上关于学生讲解的评价标准中应包括讲得是否正确、讲解的效果如何等。

④ 评价要尽量公正

评价不公正则无法调动学生的积极性，但要做到绝对公正也不太现实。有时为了公正会引起学生的争论，弄得教师无法评判，反而耽误教学时间，影响教学进度，这时教师要果断裁判，不要为了绝对公正而让学生争论不休。

⑤ 奖励方式要符合学生兴趣，具有激励性

目前，我校统一的奖励方式为课后对获得优胜的小组奖励榜样章，并在小组评价专栏中张贴。这样做便于学校统一管理，同时也能督促教师及时进行评价奖励。一些教师在此基础上还进行了创新。比如，有的英语老师在黑板上画"成果树"，每棵树上有九根树枝（代表九个小组），然后根据各小组的表现在树枝上画树叶、水果等图案；有的语文老师及时给表现好的学生和小组发笑脸贴，然后根据笑脸的数量评出优胜小组。而大部分教师则采用积分制，以课堂各环节的分数累计决定优胜小组。这些方式都体现了不同学科、不同教学内容的特点，能激发学生的兴趣，具有较强的激励性。

2. 编制学业纸

语文学业纸中的内容既是教师"教"的内容，也是学生"学"的重点。教师根据学生的学业纸完成情况，能有步骤、有层次地安排学生的学习活动。在设计语文学业纸时，我们要注意以下几点。

(1) 突出学生的主体地位

教师要尽可能地站在学生的角度去设计学业纸，按照学习规律引导学生合作、探究，让学生逐步学会发现问题、分析问题、解决问题，体验到成功的喜悦，进而提高学习能力。例如，武晶老师教学《白鹅》和《白公鹅》时，在学业纸中设计了这样一道题：同是写白鹅，不同作家在写法上有什么相同和不同的地方？你还有什么疑问？学生课前完成了学业纸，掌握了两篇课文的主要内容，课上，教师梳理学生提出的疑问，然后跟学生讨论、交流解决问题的方法，最后让学生进行展示，读出自己的体验，说出自己的思考，引导学生倾听别人的心声，抒发自己的感情。

(2) 问题的设计要有层次性

在设计学业纸时，考虑到学生学习水平的差异，我们将问题适当分层，以提高学生学习的针对性。

例如，一位教师在教学《颐和园》一文时，采用的是一篇带多篇的辐射式阅读。学生根据学业纸完成《颐和园》的学习后，教师又补充了《黄河风景区》一文。因为这两篇文章都是很明显的移步换景类文章，所以设计学业纸时，教师以让学生感受写作方法为侧重点，指导学生学习此类文章的方法，并在课下让学生自主阅读了《记金华双龙洞》和《迷人的张家界》这两篇文章。课堂讨论时，教师让学生以小组为单位进行汇报。从学生的汇报情况可以看出，学生已经掌握了学习这类文章的方法。

学业纸中设计的问题要由易到难，由浅入深，由简单到复杂，照顾到每个层次的学生。在设计问题时，必须遵循层次性。教师首先要参照大纲和教学参考，准确把握问题设计的重难点，再联系学生的学习情况，设计出围绕重难点的、富有层次的系列问题。例如，曹菲菲老师在《富饶的西沙群岛》一文的学业纸中设计的几个问题就很有层次性，非常好。

1. "思维导引"部分的设计

(1) 默读课文，画出课文的中心句。

(2) 填空。

课文先总写了西沙群岛__________，__________，是个______的地方，然后分别写了________，海底的________、________、________和________，海滩上的________和________，还有海岛上的________，最后

一个自然段又总写随着祖国建设事业的发展，可爱的西沙群岛必将变得更加________，更加________。

2.“思维碰撞”部分的设计

在海底部分的描写中（珊瑚、海参、大龙虾和鱼），你认为哪些词句写得好？为什么？

3.“思维迁移”部分的设计

北京、香港、西沙群岛、小兴安岭、泰山，这些美丽的地方多么令人神往！通过观看影视节目，通过课外阅读，通过别人的讲述，你一定还知道祖国其他风景优美的地方，或许你还去过其他一些风景优美的地方。介绍一下自己去过的地方或最想去的地方，努力说得生动一些，使听的人也想去。

(3) 问题的设计要具有针对性

任何一份学业纸中的问题设计都是建立在明确的教学目标基础上的。

例如，孙静老师在《赵州桥》一文的学业纸中提出的几个问题正是根据自己的课堂需要而设计的。孙老师上的是一节读写结合课，学业纸中的部分内容是这样的：

1. 周末观察南湖的十二莲桥，做好记录，也可以拍照作为资料。

2. 十二莲桥有什么特点？抓住其中一个特点仔细观察。提示：学习了《赵州桥》后，我们也要试着写一写桥啊！

(4) 问题的设计要能启发学生的思维

问题设计的基本目标之一是启发学生的思维。因此，设计的问题应能帮助学生学会由此及彼地思考。有的问题可以训练学生思维的深刻性，有的问题可以训练学生思维的形象性和逻辑性，有的问题则可以培养学生的判断能力和概括能力。

齐田华老师在《给予树》一文的学业纸设计中是这样启发学生思维的：

1. 画出描写金吉娅的句子，抓住关键词谈谈自己读懂了什么？你如果能用简洁的话写在书上就更好了！

2. 预习时我自己没有解决的问题是____________________________。

使用学业纸后，教师原则上不允许再布置课外作业，否则将加重学生的学业负担。

学业纸使用要做到“四精四必”。“四精”为精选、精讲、精练、精批；“四必”为有发必收、有收必批、有批必评、有评必补。

学业纸帮助和引导学生用科学的方法提前预习，使学生初步了解了知识框架并提出了预习中的疑惑，大大提高了学生的学习效率。

随着我校课堂改造的不断深入，我们发现，学生的胆子变大了，他们敢说、敢问、敢做了；课堂教学中的问题设计成为教师、文本和学生沟通的纽带，成为激发学生潜能、培养学生创新能力的催化剂。

《七律·长征》＋《青山处处埋忠骨》学业纸

主备教师：路云　　教研组：______　　使用时间：2012 年 12 月

学生姓名：______　　班　级：______　　小　　组：______

<table>
<tr><th>教学环节</th><th>问题与任务</th><th>活动与方法</th></tr>
<tr><td rowspan="2">思维导引</td><td>1. 熟读《七律·长征》。
2. 理解诗意。</td><td>1. 查词典，解决不理解的词语。
2. 结合地图，播放与长征有关的视频。
3. 播放《长征》这首歌。</td></tr>
<tr><td>1. 熟读《青山处处埋忠骨》。
2. 总结主要内容。</td><td>课前预习。</td></tr>
<tr><td rowspan="4">思维碰撞</td><td>1. 红军是在什么情况下越过五岭和乌蒙山的？</td><td>收集资料，结合资料交流。</td></tr>
<tr><td>2. 你从《七律·长征》这首诗中感受到了什么？</td><td>1. 小组合作讨论。
2. 以小组为单位进行成果展示。</td></tr>
<tr><td>3. 你从《青山处处埋忠骨》这篇课文中感受到了什么？</td><td>1. 小组合作学习。
2. 小组代表发言，其他同学补充。</td></tr>
<tr><td>4. 结合两篇课文，谈谈你对毛泽东的评价。</td><td>自由发言。</td></tr>
<tr><td rowspan="2">思维迁移</td><td>读毛泽东的诗词《沁园春·雪》。</td><td>听诗朗诵，说感受。</td></tr>
<tr><td>读与长征有关的文章《倔强的小红军》。</td><td>自读后谈感受。</td></tr>
<tr><td>思维导图</td><td colspan="2">（归纳总结）
《七律·长征》：读诗——理解诗——谈感受
《青山处处埋忠骨》：读文——总结内容——谈感受
}评价毛泽东
⇩
拓展相关文章
⇩
加深认识</td></tr>
<tr><td colspan="3">学生问题单</td></tr>
</table>

3. 寻找思维碰撞点

语文教学实际上就是文本、学生、教师之间的对话，教学中我们要善于从课文中寻找恰当的思维碰撞点，为学生制造思维碰撞的机会。

例如，《我选我》这篇课文讲的是在一节补选劳动委员的班会课上，王宁毛遂自荐，推选自己当劳动委员的故事。那么，王宁的这一做法到底对不对呢？李常红老师抓住这一思维碰撞点，引导学生进行选题为“我选我对不对”的辩论。辩论赛之前，李老师给了学生一个星期的准备时间，并教学生怎么准备辩论、怎么收集资料、怎么组织语言，还专门组织学生观看了一场辩论赛。一切准备就绪，辩论赛如期进行。整个辩论赛共分为三个环节：陈述环节，自由辩论环节，总结陈词环节。辩论赛上，学生思维非常活跃，正反双方都能抓住各自的关键词进行辩论。正方抓的关键词是“自荐、自信、勇敢”，他们认为，在竞争日趋激烈的今天，必须学会自我推荐、自我展示，这样才能把握住成功的机遇，才能跃上成功的顶峰。正方拿出了有利的证据——参加各种比赛的选手们，第一步都是“我选我”，他们还列举了毛遂自荐的故事来说服反方。而反方则抓住了“自私、自负、自大”几个关键词进行辩论，他们认为，过度的自信就是自负。谦虚、谦让是我们中华民族的传统美德，“我选我”则违背了这一传统美德，是金子在哪里都会发光，只要有知识、有能力，不用自我推荐也会得到伯乐的赏识。他们还举出了战国时期毛遂自荐后自刎的故事。双方都能做到有理有据，更为可喜的是，有的学生在辩论中还能做到声情并茂，尤其是反方二辩李文凯给大家留下的印象最深。

虽然这些学生只有八九岁，还不能真正理解什么叫辩论赛，但他们确实在课堂上体现出了思维的碰撞。辩论赛后，家长们普遍反映，孩子敢说话、敢表达了，整天在家里也要就某个话题跟家长进行辩论。

语文教学中这样的思维碰撞点很多，关键是我们能否仔细去琢磨，认真去研究。

(1) 在口语交际中进行思维碰撞，产生思维的火花

如《坐井观天》这篇课文，既是一则充满童趣的寓言故事，又是一篇进行思维碰撞的好素材。文章以对话为主，小鸟和青蛙的对话本身就是两种思维的碰撞，而这两种思维的碰撞又引发了学生思维的更大碰撞。课文最后是这样写的：“小鸟也笑了，说：‘朋友，你是弄错了。不信，你跳出井口来看一看吧。’”这段话留给学生极大的想象空间。教师可让学生顺着课文的情节，根据这段话展开丰富的想象，进行扩写。比如，让学生想一想、说一说，小鸟飞走后，青蛙有没有跳出来。如果跳出来的话，它会看

到什么？又会说些什么？在教师的点拨、引导下，学生畅所欲言，描绘出一个又一个鲜活的画面。低年级学生以想象见长，给学生创设宽松的表达环境，让他们不拘形式、自由表达，是提高学生思维能力、表达能力的一个好办法。

（2）提出一个问题往往比解决一个问题更重要

“疑”源于思，思维活动始于发现问题。要想使学生对知识的理解更深入，就要启发学生多疑多问，在疑问中碰撞思维。怎样让学生学会质疑呢？在教学中，教师应逐步教给学生质疑的方法，提高学生的质疑能力，比如，可以从课题发问，从标点符号和词语的特别用法发问等。在教学中，教师应努力培养学生凡事问“为什么”的习惯，使学生明白多疑多问是一种良好的学习品质。在预习中，教师要让学生提出并讨论不懂的问题，让学生在提问与回答中碰撞思维，解决问题。

四、小学语文阅读“思维碰撞”课堂

我们深入课堂，通过对多所学校课改案例的学习和研究，最终形成了小学语文阅读“思维碰撞”课堂教学模式。为什么要推出小学语文阅读“思维碰撞”课堂呢？新课改以来，我们的课堂教学结构和方式发生了很大的变化，但是学生阅读量少仍然困扰着语文教学。学生一学期只读薄薄的一本语文书（30篇左右的文章），而且是在师生单一对话的课堂上完成的，在这种没有学生主体活动的课堂上，学生的思维碰撞无从谈起。没有思维碰撞，就没有高效的阅读。为了改变这一现状，我们小学语文教研组大胆地对教材进行整合，以期让学生在更短的时间内接受更多的内容，提高语文课堂的教学效率，从而使学生有更多的时间来阅读课外内容。以五年级的语文教学为例，学生经过四年的语文学习活动，已经有了一定的语文学习基础，在此基础上，教师就可以开展整合教学。例如，人教版语文五年级上册第四单元共有四篇课文，分别是《钓鱼的启示》《通往广场的路不止一条》《落花生》《珍珠鸟》，在这四篇课文中，作者都是通过事例的描写让学生明白其中的道理。在学习本单元的课文时，教师就可以重点教学《钓鱼的启示》这一课，让学生学会这类文章的学习方法，再让学生自学《通往广场的路不止一条》。这样，就可以在一节课的时间内完成两节课的内容。

下面是针对同一课的不同上法，从中我们可以了解如何在语文阅读课上引导学生进行思维碰撞。

《乌鸦喝水》教学设计

张杨

【传统教法】

以读为主，学习课文。

1. 学习第一段

(1) 乌鸦为什么要喝水呢？谁来读第一段的第一句话？

(2)"渴"是个生字，再读两遍。想一想，"渴"字的部首为什么是"氵"？

(3) 在学生回答的基础上进一步点拨：一个人流了很多汗，太阳又火辣辣地照着，感觉很渴。想想看，"一只乌鸦口渴了，到处找水喝"会是什么样呢？谁愿意表演给大家看？

(4) 乌鸦找了许多地方都没找到水，真着急啊！谁愿意再读一读？注意"找"字是翘舌音，再多读两遍。

(5) 他读出了乌鸦着急的心情，全班也来读一读。

(6) 这时，乌鸦看见一个瓶子，瓶子里有水。多高兴啊！谁来读一读这句话？"瓶"是后鼻音，再读一读。

(7)"看"是生字，再读几遍。我们有时为了看清远处的东西，会这样做（教师做出远望动作），所以这个生字可以用什么好办法记呢？

(8) 瓶子里有水，可是乌鸦却喝不着，这是什么原因呢？谁来读第三句？

(9) 学生观察插图，想象或演示乌鸦把嘴伸进瓶口喝不着水的情景。乌鸦多着急啊！谁再来读一读这句话？

(10) 谁来读最后一句，注意"怎"和"呢"的读音，多读几遍。

2. 学习第二、三段

(1) 让学生轻声自由地朗读第二、三段，想一想，乌鸦是怎么喝到水的？

(2) 请个别学生朗读第二、三段。

(3) 教师引读：乌鸦想出的办法是________________。学生读第三段。

(4) 乌鸦把小石子怎么放进瓶子里的？谁来演给大家看？学习"放"字，启发学生自己分析字形。

(5) 引导学生观察：随着投放石子的增多，瓶子里的水渐渐升高了。学习"升""高"两个字。

(6) 演示乌鸦喝着水的情景。乌鸦多高兴啊！请学生读最后一句话。

【运用"思维碰撞"的教法】

一、提出问题，激发兴趣

1. 今天，老师带来了一只小动物，它是什么呢？（板书：乌鸦）看一看"乌"字与"鸟"字有什么不同？大家有什么好办法能记住它？

2. 这只乌鸦遇到了一个问题。（出示第一幅图，要求学生看图；学生

从图中不难看出，不远处的瓶子里有水，乌鸦可以去喝）

3. 瓶子里有水，那就让我们一起去看一看吧！（出示第二幅图，要求学生仔细观察）你有什么发现？（学生通过观察图发现，乌鸦喝水遇到了困难）教师一边听学生讲，一边演示，使困难一目了然。

4. 乌鸦喝不到水，怎么办呢？让我们一起来帮帮它吧！

二、动脑动手，解决问题

1. 要求学生用准备好的石子、瓶子、水亲自动手试一试，看看乌鸦怎样才能喝到水，然后请学生上台演示并讲述乌鸦喝水的过程。

要求学生注意观察，体会“瓶子里的水渐渐升高”；要求学生仔细听，让学生养成认真倾听别人发言的好习惯。这个活动使学生间接掌握了课文内容，同时也让学生体会到自己动手实践的重要性。

2. 乌鸦想到的办法和同学们想到的办法一样吗？（出示第三幅图）那么，除了这个办法外，还有没有其他的办法呢？

（培养学生独立思考和科学探究的精神，启发学生的创造性思维，培养学生的创造能力，这是本课的教学难点。）

（1）小组讨论

要求小组成员群策群力，寻找其他的办法。教师巡视，随机参与讨论。

（2）全班交流，组织评议

要求各组组长汇报讨论结果，其他人认真听，并评议汇报小组的办法行不行。低年级学生的想象力极其丰富，想出的办法会五花八门，但他们为了成功，往往会忽略当时的环境。经教师点拨，马上就会有学生反驳。这样的教学激活了课堂气氛，激发了学生的创造精神，使汇报变成一场激烈的辩论。

三、课堂延伸，拓展思维

1. 同学们都肯动脑筋，这场辩论太精彩了！那么这些办法中，谁的办法最好呢？（不仅要求学生想办法，还要求学生从中选优）

由此看，这是一只怎样的乌鸦？你们学习了乌鸦喝水的故事以后打算怎样做呢？

学生回答后，教师小结。

2. 要求学生把乌鸦喝水的故事讲给家人或者朋友听。

整堂课始终以学生为主体，教师真正成为学生学习的合作者、促进者。在教学过程中，教师让学生用耳朵听、用眼睛看、动手做、动脑想，培养了学生各方面的能力。同时，学生在思维碰撞中，提高了思辨能力、创造能力及语言表达能力。

当前，我校的课堂改造仍在轰轰烈烈地进行着，教师的育人方式发生了改变，备课作业发生了改变，课堂文化发生了改变，评价制度发生了改变，教研氛围发生了改变，管理体制发生了改变……

课堂改造使学生乐于发现问题、提出问题、解决问题，学生希望教师能够成为自己的学习伙伴，而不是高高在上的指导者，希望得到教师及时的鼓励和帮助。学生开始重视伙伴的发现，把伙伴的见解作为自己探究活动的依据，帮助自己更好地分析、解决问题。同时，从学生学习能力调查的统计数据中可以发现，经过“思维碰撞”的思维训练，学生的动手实践意识、提问质疑意识和参与性都有了很大提高。

课堂改造让教师从讲台上走下来，师生之间平等了；课堂改造让每个学生动了起来，旁观者少了；课堂改造让小组合作学习蔚然成风，学生学会合作了；课堂改造让学生的思维活了起来……

这学期，学校倡导在课堂教学中实行小组讨论，使枯燥乏味的课堂变得热闹有趣了。

六个人面对面坐在一起，讨论问题更加方便。说说自己的观点、看法，听听同学们的意见、想法，大家互相帮助，取长补短，不仅解决了问题，有时还能想到不同的解答方法。

六个人面对面坐在一起，提高了大家的学习积极性，使大家由“要我学”转变为“我要学”。

六个人面对面坐在一起，使大家有了集体荣誉感，有了竞争意识。同学们都想使自己的组位居第一，成为所有组中的佼佼者。

事实证明，小组式课堂是一个适合在班级中实施的成功方案，我相信，它一定会在班级中永远实施下去，而且效果会越来越好！

——学生：李熠昕

时光荏苒，女儿五年级上学期的学习时光就这样飞逝而过。在这半年里，发生了许多事情，印象最深刻的莫过于课堂改造带来的变化，因为这充斥着女儿每一天的学校生活，也是女儿津津乐道与我交流的重点。犹记得暑假后刚开学不久，女儿眉飞色舞地告诉我：“今天我们上课大变样啦！你知道吗？上课时我们不再全部朝前坐了，而是六个人围坐一圈，一圈为一个小组，选出一名组长……”之后，女儿总是向我讲述她们课堂上的新变化、新惊喜、新期待：

——今天，老师让我们到讲台上当小老师啦！

——榜样章。

——榜样卡。

——小组 PK。

——班内辩论赛。

——“走班制”教学模式。

因为自己表现好为小组争得榜样卡的自豪；因为表现不太好而使小组扣分的惆怅、惋惜；小组里某个同学贪玩好动，大家一起帮助他改正的不放弃。

在这絮絮叨叨的日子里，我体会到学校领导及教师进行课堂改造的决心、勇气，更重要的是那深远的意义。

首先，学校高瞻远瞩，积极融入社会，与国际接轨。现在许多行业都纷纷引进“品管圈”这一基层管理模式。而学校对课堂进行改造，让5～6个孩子为一组开展学习活动，使孩子们在学校期间就可以进行品质管理活动。

其次，学校顺应时代的发展，使孩子变接受性学习为探究式学习。孩子在自主学习的基础上，增强了探究意识，学会了探究方法，提高了创新精神和实践能力。教师抓住契机，用心打造“问题场”，设置问题情境，利用一定的“诱因”激发孩子的探究动机，点燃孩子探究问题的灵感。例如，女儿曾经讲过这样的“场景”：

——“老师有个问题不明白，谁来帮帮我?”

——由愿做“小老师”的学生解疑答难，老师则当“旁听生”。

这给了学生自由发挥的空间和活动的机会，把课堂变为师生共同交流信息和切磋学问的论坛。

最后，平等对话，营造探究氛围。女儿曾经复述过老师的一些话：

——“孩子们，你们戴上红领巾更漂亮、更精神了！”

——“我相信你们……”

具备学习的愿望、兴趣，掌握学习的方法，比记住一些知识更为重要。真正对学生负责的学校教育，就是这种能够促进学生全面、自主、有个性地发展的教育。阿基米德说过：“给我一个支点，我可以撬起整个地球。”感谢学校给了孩子探究的天空，让他们用“探究”这一支点去“撬起”整个知识王国吧！

——家长：顾伟鹏

第二节　小学数学课堂

一、小学数学学科的教学特点

义务教育阶段的数学课程的基本出发点是促进学生全面、持续、和谐地发展，它不仅要考虑数学自身的特点，还要遵循学生学习数学的心理规律，强调从学生已有的生活经验出发，让学生亲身经历将实际问题抽象为数学模型并进行解释与应用的过程，进而提高学生的数学思维能力，发展学生的情感态度与价值观。小学数学学科的教学具有以下特点。

1. 以学生为主体

小学数学知识是学生借助已有的生活经验通过具体活动掌握的；数学教学要向学生提供探索、讨论、实践、调查和解决问题的机会，其基本方式不是"授予"，而是"引导"，要给学生的思考和发展留下充足的时间和空间，使学生真正成为学习活动的主人；数学课堂教学应由单纯的知识传授转变为学生主动从事数学活动，数学教师应成为学生数学学习的组织者、引导者和合作者。

2. 生活化

数学学习不应仅仅局限于教室中的活动，还应走向室外，走向社会。学生的生活环境及任何一个活动场所都可以作为数学学习的课堂。学生数学学习的内容应当是现实的、生活化的、有趣的和富有挑战性的，这些内容有利于培养学生的观察、实验、猜测、验证、推理、交流等能力。

3. 大众化

首先，数学教学必须照顾到所有学生的需求，以促进全体学生数学素养的提高。其次，人人都能学有价值的数学，不同的人可以达到不同的数学水平，构筑不同的数学世界。

数学教学与思维密切相关，发展数学思维能力是数学教学的重要任务，是全面提高学生学科素养的需要。如何提高学生的数学思维能力呢？我们研究并践行了数学"思维碰撞"课堂，以培养学生的数学思维能力和良好的思维品质。

二、小学数学"思维碰撞"课堂的实施基础

思维能力是学生学习能力的核心，是学生终身发展的基础，强调学科思维和学习能力，是学科教学的核心追求。"碰撞"是多维互动的学习活动，强调的是综合才智和表现能力，是思维外化的创造性表现。思维碰撞又可以称为头脑风暴，是一种有效的就特定主题集中注意力与思想进行创造性沟通的方式，其目的在于产生新观念或激发创新设想。

小学数学"思维碰撞"课堂是以思维差异为资源，以多维对话为形式，以反馈为保障的课堂。小学数学"思维碰撞"课堂的目标是培养具有独立思考能力和批判思维能力的学生，即"有思想"的人。在课堂上，学生可以在交流中获得知识，在争鸣中生成智慧，在对话中深化理解，在比较中学会反思，在抗衡中内化动力，在碰撞中滋养品性。

那么，小学数学"思维碰撞"课堂的实施基础是什么呢？对此我校小

学数学教研组进行了深入探究。

1. 学业纸为思维碰撞搭建平台

就如何编写一份高质量的学业纸，我校开展过多次培训，要求教师每一节课都进行集体研究、集体备课，每一节课都安排一个主设计人，经过一段时间的实践，终于设计出了能够激发学生思维的学业纸。我校小学数学教研组对学业纸进行了改进，使之更符合小学数学学科。

小学数学教研组先对有无学业纸进行了对比。

没有学业纸，数学学科教学的基本流程是"观察情境图→从情境图中你发现了哪些信息？（学生开始找）→根据这些信息你能提出什么问题？（学生开始思考）→怎样列式？（学生开始想）→为什么这样列式？→怎样计算？（教师讲解）"。这样的教学有以下弊端。

① 太浪费时间，观察情境图、发现信息、提出问题、列出算式这几个步骤是每节课必有的环节，但又不是每节课的重点，却占用了课堂的宝贵时间。

② 课堂上学生思考问题和解决问题的时间太短，无法进行深度思考。

③ 学生不能发现自己学习的难点，甚至连教师讲解的简单内容都来不及理解。

有了学业纸却大不一样，在学新课的前一天就把学业纸发给学生，让学生根据学业纸提前自学第二天的学习内容，这样做有以下几点好处。

① 简单、浅显、规律性的知识学生能提前自学，节约了课堂教学时间，使学生在课堂上有时间思考要学习的内容以及学习的难点是什么。这样一来，课堂上学生质疑、辩论、解惑的时间就更充足了。

② 学生养成了自己动手动脑、独立思考、解决问题的良好学习习惯。

③ 课堂上有足够的时间解决本节课的重点和难点。

④ 给学生留有足够的时间进行深度思考。

在学业纸的设计上，小学数学教研组做到了四个关注。

① 关注层次

注重学习的层次性，不同的学习阶段有不同的任务指向。前置备学：储备实践知识；课堂研究：学生进行学习活动并形成成果；达标练习：巩固知识、拓展思维。

② 关注差异

设计的问题具有"小台阶，低坡度，分层次"的特点，既注重人人参与，又注重培优辅差，同时强调以问拓思、设疑激趣。

③ 关注方法

注意方法的引领，及时进行学习方法和思维方法的指导。

④ 关注质量

不论活动设计还是思维训练，都力求做到准确严谨，符合学生的认知水平，同时给学生留足准备的时间和空间。

教师会提前设计好一堂课中每个环节大约用多少时间，什么内容需要小组合作学习，小组合作学习的时间是多长，如果只是为了合作而合作，为了形式而合作就失去了小组合作的意义与价值。例如，马梅老师在执教“商的近似数”时，开始设计的学业纸如下。

“商的近似数”学业纸（第一课时）

主备教师：马梅　教研组：________　使用时间：________

学生姓名：________　班　级：________　小　组：________

教学环节	问题与任务	活动与方法
一、思维导引	1. 按要求写数。 保留一位小数：75.24≈ 保留两位小数：24.975≈ 保留三位小数：1.3295≈ 2. 求积的近似数，得数保留一位小数。 1.2×2.4≈　　5.02×1.7≈	课前独立完成。
二、思维碰撞	1. 根据课本中的信息解决问题。 三峡大坝的高度约是八盘峡坝的多少倍？ 保留整数　｜　保留一位小数　｜　保留两位小数 2. 小数除法所得的商，小数位数过多时怎么办？ 3. 如何求商的近似数？试着用自己的语言说一说。	组内交流，集体汇报。
三、思维迁移	1. 你是如何想到用四舍五入法求商的近似数的？ 2. 说说求积的近似数和求商的近似数的异同点。 3. 不用计算，快速判断。（保留整数） 43÷6≈　　47÷6≈	独立完成，组内交流，集体汇报。
我的疑问		

在学业纸的第二部分"思维碰撞"中，马老师给学生规定了在遇到小数除法除不尽时应保留商的近似数，还规定了保留近似数的要求，这是教师安排好的，无法使学生产生思维碰撞，这就不符合小组合作学习的要求，也失去了小组合作的意义，于是马梅老师对学业纸进行了修改，将第二部分"思维碰撞"中的第1题修改如下。

三峡大坝的高度约是八盘峡坝的多少倍？（列竖式计算）你有什么发现？你想如何处理？把你的解决过程记录下来。

经过修改，把新知的学习完全交给了学生，使学生在独立解决问题的过程中发现，185÷33是除不尽的，于是自己想办法，联系以往学过的求小数的近似数和求积的近似数的方法，想到用四舍五入法求商的近似数。这样的课堂是真实的课堂，学生解决问题的方法不再是教师强加给他们的。学生组内交流自己的想法，在全班展示讲解时，会更自信。这样一来，学生通过思维碰撞，顺利地解决了这节课的重点和难点。

2. 小组合作为思维碰撞保驾护航

（1）低年级的小组合作

对于刚刚进入小学一年级的学生来说，课堂上要求他们进行小组合作，并进行探究、辩论，需要建立在其各项常规、各种习惯得到充分训练的基础上，需要一步一步地引导。

第一步：进行小学生由幼儿园到小学的习惯养成教育。

养成良好的习惯，对每个人来说都至关重要。一种好的习惯能使人受益终身。一年级的小学生刚刚踏进校门，犹如一张白纸，等待着我们在上面勾勒出丰富的图画。这是进行养成教育的关键时期，因为这时他们的行为意识较淡薄，长辈的无限宠爱，使他们养成了诸多不良行为习惯，自律性差，随意性强等。"不以规矩，不能成方圆"，因此我们应从一年级起就要加强对学生的养成教育。教师可以通过编写儿歌、童话等小学生喜欢的方式帮助他们养成良好的习惯，同时要充分利用榜样的力量来鼓舞、带动学生，并注意与家长多交流、多沟通，加强家校合作，共同帮助学生养成良好的行为习惯和学习习惯。

第二步：课堂上小组合作探究的初步形成。

不论是低年级学生还是高年级学生，在小组刚刚建立的初期，学生都是很茫然的，不知道要做什么。在课堂上，针对一年级的学生，教师不要急于让他们进行讨论、辩论，可以从分工合作开始。比如，一位教师在教学"连加连减"的内容时，提出了这样的问题：有4个同学在野餐，先来了3个同学，又来了2个同学，现在一共有几个同学在野餐？

师：我们先来解决第一个问题，请同学们以小组为单位，在小组长的带领下，利用小棒摆一摆，并尝试列算式。

（小组合作解决问题。）

师：哪个小组想来展示一下？

（小组分工合作，利用小棒动态展示问题情境。）

师：他们说得好不好？掌声送给他们。

师：要求一共有几个小朋友，要用什么方法？

生：加法。

师：为什么呢？

生：因为要把这些小朋友都算上。

师：谁来列算式？

生：4＋3＋2。

师：仔细观察这个算式，和我们以前学习的算式有什么不同？

生：以前学习的算式只有一个加号，这个算式有两个加号。

师：你真是一个善于观察的学生。同学们，这就是我们今天要学习的连加。像这样，把几部分都合起来，我们就用连加来计算。

本节课讲授于小组成立初期，教师并不急于让学生进行小组讨论，而是让学生在组长的带领下进行分工合作，再现问题情境。这样做既调动了学生的积极性，又培养了学生的合作意识，更重要的是，学生在分工合作中学到了知识，体会到了快乐。

第三步：培养学生耐心倾听他人发言的习惯。

教低年级数学的教师在上课时经常遇到这种现象，一名学生就某个问题发表看法之后，下一名学生站起来说的依然是上一名学生的观点，也就是说，在前者发表看法时后者并没有关注前者说了些什么，这样的现象让课堂教学效果大打折扣。因此，教师应该引导学生学会倾听。当别人发言时，自己要认真地听，并思考：这个同学讲了什么？讲得有没有道理？和我的想法是否一致？我赞不赞成他的看法？等等。学会倾听是学生思维交流、碰撞的前提，只有学会了倾听，才能够实现有效交流。

第四步：培养学生简练表达、直奔主题的能力。

师：你见过压水机吗？

生：我见过。

师：你从哪里见到的压水机？

生：我奶奶家是肥城的，一放暑假我就会去住上两个星期。我很喜欢回去，在那里可好玩儿了。我奶奶家的院子很大，院子里还养着鸡。在奶奶家，我们喝的水都是用压水机打上来的。

小学生的想象力十分丰富，当他们想表达清楚一件事情时，往往会联想到一大堆与此相关的事情。长篇累牍的表达让讲述有趣了，但中心议题却越来越模糊了。教师应该逐步引导学生用最简洁的话来表达自己的看法，想说明什么观点时应直奔主题。

下面是我校任教低年级数学的李俊老师的对策，让我们一起来分享一下。

在低年级学生中开展小组合作学习，还真要动一番脑子，他们自我管理能力差，还没有形成合作的意识和能力，要慢慢来，要从头教起。低年级学生喜欢看表演，我就以表演的形式做了示范。

我邀请 3 名学生走上讲台，加上我，4 人围坐在讲桌四周。我说：“我们 4 个人就是一个合作学习小组，老师来当组长，我们一起学习。请其他学生认真看，一会儿评一评我们学习得好不好。开始！”

当我发现有个学生一直没说话时，就对她说：“你是不是有更好的想法？怎么想就怎么说，说得好我们听你的，说得不好我们帮你，来！试试吧！”她抬头看了看大家，终于开口了。

小组合作学习模拟快结束了，我对全班同学说：“现在请大家评一评我们 4 个人学习得好不好？”

二组组长说：“刚才你们一起学习得很愉快！”

五组组长说：“伍维松学习时遇到了困难，大家都帮助他，这很好。”

一听学生这么说，我赶紧因势利导：“是啊，集体的智慧和力量就是大，以后在学习上我们还会遇到很多困难，需要我们用集体的力量去解决。看来小组合作学习确实很重要。请继续评一评。”

三组组长说：“老师，我还发现你们小组的 4 个人都发言了，不像我们组，李玫不敢说，我们要她说她就是不说，而王硕爱抢其他人的学具，我们怎么劝也不管用。”

我深入引导：“看来你很想让李玫参与到小组活动中来，很想把合作学习搞好。我们应该帮助李玫和王硕，就像我们 3 个人帮助伍维松一样，尤其是组长更应该带头这样做，相信他们会和你们一起好好学习的。其实，老师刚才要大家看一看、评一评我和 3 位同学的合作学习，就是要让大家认识到小组合作学习时一定要互相信任、互相帮助，不能争抢、吵闹，有什么想法尽管说出来，大家一起讨论。今后的小组合作学习我们就这样做，能做到吗？”

“能！”大家的声音洪亮极了。

对于那些与众不同的学生，当他们有了可以信赖的合作小组，学习的需求便可以及时在组内得到满足，从而使他们获得了成长。而那些较为出色的学生也在小组活动中懂得了帮助别人，更明白了“一花独放不是春，百花齐放春满园”的道理，学生的学习心理更趋健康。

（2）中、高年级的小组合作

关于中、高年级的小组合作，下面以姚国艳老师班的小组建设为例进行介绍。

① 划分学习小组

a. 小组人数的确定

在学习小组的组建过程中，面临的第一个问题是几人一组比较合适，学校不强调统一，因此，有的班级实行的是 4 个人一组，有的班级是 5 个人一组，还有的班级是 6 个人一组。考虑到 6 个人一组，学生发言的机会相对要减少，组长管理的难度会加大，同学之间距离较远不利于倾听，所以姚老师班实行 4 个人一组。

b. 分组的依据

主要根据学生的学习情况来分组，同时考虑学生的性格、性别等因素。在分组时，姚老师班有个叫陈鑫泽的学生习惯不太好，比较调皮，加上家长没有时间管他，所以经常不做作业，学习成绩不太好。刚分完组，陈鑫泽组的另外 3 个人就来找姚老师，要求把他调出去。姚老师对他们说道：“首先老师表扬你们有小组荣誉感，但是我们再来考虑一下陈鑫泽，如果每个组都不要他，他该怎么办？你们能不能接受他、帮助他？只要他有进步，我们在总结评价时就给你们小组加分。”最后，这几个学生接受了姚老师的建议。

c. 分组时的思考

在小组组建过程中，教师应该怎样更多地关注学困生？如何让小组成员乐于接受学困生？如何把他们凝聚成一个团结的小集体？只有解决好这些问题，小组才更有向心力，小组的合作才更高效，小组合作学习才能更好地服务于我们的“思维碰撞”课堂。

d. 做法

基于对这些问题的思考，姚老师利用课下的时间，分别和班上几个学困生谈心，鼓励他们在小组合作学习中努力学习。接下来，姚老师开始考虑如何在小组评价中关注学困生，姚老师对学生说：“我们的小组评价，不仅要看谁的发言更精彩、表达更清晰、思维更活跃，还要关注每一个组员是不是有进步，只要有进步，就会为小组争得加倍加分。”我们的“思维碰撞”课堂，需要的不仅仅是一个和谐的小组，还需要小组各成员具备一定的语言表达能力、合作能力、探究能力，具有问题意识、批判意识……

② 小组文化建设

分好组后，姚老师开始抓小组的文化建设，姚老师对学生说：“我们该怎样建设自己的小组呢？比如，可以给自己的小组起一个名字，制订组规让小组成员共同遵守，形成组训，鼓舞每个同学进步等。”这个建议提出后，课下就很少看到有学生单独行动了，总是能看到4个人围坐在一起，商量着、研究着……学生的热情很高。几天后，各个小组的桌子上都多了一个牌子，超越梦想组、猎鹰组、阳光组、追梦组、快乐优越组……氛围就是一种很好的教育力量。

③ 小组培训工作

营造好了合作学习的氛围，姚老师开始了“一个选拔”“两个培训”的工作。

a. 小组长的选拔

小组长在小组合作中有着重要的作用，小组长的能力直接影响着小组合作的效果。为了使合作学习尽快地服务于我们的“思维碰撞”课堂，姚老师选了学习成绩好、表达能力强、有一定组织能力的学生做小组长，当然小组长也经过了组员的认可，这样他们才能服从小组长的管理。

b. 小组长的培训

在选好小组长后，要对这些小组长进行集中培训，让他们明白小组合作学习是怎么回事，作为小组长应明确每次的合作任务，做好任务分工，使得组内人人有事做；作为小组长要关注每一个组员学习的积极性，及时提醒，做好管理工作。

c. 组员的培训

首先，要让每个组员都明白，小组合作学习是怎么回事。接着，让学生知道，学习时遇到问题要先独立思考，再交流；交流时，要听从组长的安排，要清楚地表达自己的想法，有问题要大胆地问，包括交流时怎么说、汇报时怎么说、发表不同意见时怎么说等。在刚开始培训时，姚老师都是一句一句教的。

④ 小组的运用

“思维碰撞”课堂需要小组成员的合作与交流，需要教师的引导与指点。尽管做好了各项培训工作，课堂上还是会出现一些问题，如有些学生在整个探究学习的过程中，不爱发言，不与人交流；小组之间有差距，有的小组解决问题既快又准确，有的小组速度慢，问题解决不了。

针对这些情况，姚老师加强了组与组之间的评比，看哪个小组的活动开展得好，哪个小组的学生积极主动、团结友好，哪个小组提出的问题最有价值，哪个小组的学生表达最清晰，哪个小组敢于质疑，并特别关注那些在学习上有一定困难的学生，看他们是否积极参与了小组合作学习。对表现好的小组和个人进行奖励，以此培养学生的团队精神。姚老师还特别注重自身的参与，这样做既能及时了解学生的学习进程，又能激励学生积极讨论、交流，提高小组合作学习的效率。

⑤ 小组的评价

姚老师班对学生使用捆绑评价，每周评选榜样组，获得榜样组的小组成员每人可获得一张榜样卡。学生对榜样卡情有独钟，因为我们的校训就是做别人的榜样。如果小组连续两周获得榜样组，即可受到级部的表彰，连续两次受到级部表彰即可获得学校的表彰。学生都想受到表彰，组与组之间便会展开竞争，同时学生的团队意识也会进一步增强。

三、小学数学“思维碰撞”课堂的实施策略

1. 小学数学课堂教学现状问题分析

新课改推行多年，小学数学课堂依然存在着“穿新鞋、走老路”的现象，存在着以传授知识为中心的传统教学行为。课堂缺乏活力，严重抑制了学生主动性和创造性的发挥，突出表现在以下几个方面。

（1）教教材以为能达到教学目标

多数教师依照教材上呈现的内容面面俱到地讲，认为讲透、练会就达到了本节课的教学目标，甚至有时为了讲解书上的一道题而拖堂，影响学生的课间活动。新课程倡导要用“活”教材，“活”用教材，用创新的观念和手段来对待教材，因此教师只有对教材内容进行大胆的取舍、整合与挖掘，才能提高驾驭教材的能力。

（2）满堂问以为是交流互动

课堂提问是教师组织课堂教学的重要手段之一。有效的课堂提问有助于开拓学生的思维，提高学生运用知识解决问题的能力和语言表达的能力；有助于教师及时得到反馈信息，不断调控课堂教学，从而实现教学目标。但是，在课堂教学中，满堂问依然是一种普遍现象，很多教师以为多问就体现出了新的理念，突出了学生的主体地位，显示了师生、生生之间的互动过程，实际上学生已被教师繁杂的“问”搞得晕头转向了。

（3）改变座位以为是转变学习方式

新课程倡导动手实践、自主探究、合作交流的新型学习方式，于是，

许多教师就将班级学生进行编组，以4～6人为一组，将学生的座位从原来单一的“秧田形”变为“口字形”“U字形”等，以为这样改变学生的座位排列方式就是转变学生的学习方式。

(4) 提倡民主以为就不要秩序

听课时，我们经常可以看到这样的情景：学生自由走动，离开座位与同学讨论，找教师请教，有时还随便乱喊，课堂教学秩序比较混乱。表面上看课堂热热闹闹，实际上这是一种无效的教学。有些教师认为应大胆放手，让学生自主探究，不需要教师过多指导，更不需要接受学习，这样才能体现教学民主，尊重学生。其实并非如此，并不是提倡了民主就可以不顾课堂的秩序，教师应进行有效的引导，在实行民主的同时，保证良好的课堂秩序，以使学生学到更多的知识，形成良好的行为习惯。

另外，我们还注意到，在课堂教学中教师一般都是以学生的发言为跳板跳到下一个教学环节的，并没有真正关注学生的困惑，而且没有给予学生充分表达的机会，学生在课堂上的表达和参与总是在为教师的教服务。

虽然学生在课堂中的发言很精彩，但是这种发言都是单向的，简单来说，就是教师—学生1—教师—学生2—教师—学生3……

总之，因为整堂课教师的问题针对个体多，引发互动少，尽管使用了很多策略，但都是针对个体的，所以很难引起学生的互动与思维碰撞，学生习惯了等待教师发问。长此以往，课堂怎会有师生思与思的碰撞、心与心的交流？课堂怎会充满变化和灵动？

基于这样的现状，我校提出了构建“思维碰撞”课堂的设想，旨在培养具有独立思考能力和批判性思维的学生。

2. 小学数学“思维碰撞”课堂的实施策略

基于学校提出的“思维碰撞”课堂的六个基本要素（以问题为基础，引发思维；以探讨为阶梯，聚合思维；以碰撞为亮点，发散思维；以反馈为关键，矫正思维；以变式为保障，迁移思维；以实践为根本，应用思维），我们从以下几个方面来构建小学数学“思维碰撞”课堂。

(1) 创设情境，激发交流氛围

教学过程是师生相互交流的双边活动过程。教师以什么样的教学观念指导教学过程，影响着学生主动参与的积极性及教学效果。主动发生于学生愿意，愿意来自于学生对事物和活动的兴趣。因此，激发学生的学习欲望和学习兴趣，是让学生主动参与学习的基础。民主、和谐、宽松、自由的教学氛围能够最大限度地发挥学生的主体性。学生应在教学活动中处于主体地位，教师则应成为学生学习活动的促进者，教师要努力创设有趣的情境以激发学生的学习动机。

(2) 进行预设，激活“思维碰撞”课堂

课堂教学包括教师、学生、文本之间的交流与碰撞。要想激活课堂，教师必须做好充分的预设。

① 预设学生

教师课前要对学生做好充分的预设，预设学生的知识基础、课堂表现、困惑点等，这样，教学时才能游刃有余，有的放矢。

② 预设问题

以往，我们的教学程序大多数是线型设计，教师只要按设计流程一步步地往下走就行了，课堂教学刻板，学生主体地位缺失。因此，教师在对课堂教学进行预设时，应设计弹性方案，给学生充分的学习与思考的时间和空间。

(3) 给学生质疑问难的时间

在教师提供的材料符合学生的认知起点，提出的问题符合学生的能力的前提下，如果学生还没有形成生成，此时，教师应该给学生时间，让学生进行交流讨论。学生没有及时发表意见，是因为他们还在判断自己的思考是否正确，还没有明确该如何表达。数学课上，很多教师一看到学生没有反应，就急忙自己“上阵”，帮助学生操作、思考、回答。这难道是我们所要的真实有效的数学课堂吗？当然不是。在课堂上，教师要给学生思考的时间，其前提是教师在课堂上有时间可给。这就需要教师在学习活动中充分把握学生的学习情况，不要在学生已经掌握的知识点上浪费时间。

(4) 给学生开放的空间

为了便于理解，我们以下面三个不同的问题来说明。

问题1：我家有三个男人，两个女人，请问我家有几个人？

问题2：我家三代同堂，请问我家有多少人？

问题3：我家有男人、女人，请问我家有多少人？

通过比较这三个问题我们会发现：问题1空间太窄，答案唯一，生成太少；问题3空间太大，生成太杂；问题2则有比较合理的思维空间，学生能够在这一空间里进行有效的思考。可见，条件的设置能有效地调节问题的空间。

“思维碰撞”课堂的重要特征是动态生成，这种生成主要依靠教学中的对话。因此，教师在围绕某一话题进行对话教学时，首先要学会倾听，及时捕捉有价值的生成，组织学生进行思维的碰撞和深入的思考。

其实，课堂讨论、交流好比传球，教师的作用一是保证每个学生都接到球，二是小心翼翼地接好每一个学生传回的球。第一个作用就是教师提问，教师的提问既要多种多样，又要能使学生接受。第二个作用指向师生的对话，学生传回的球或偏，或怪，教师要尽量全部接住。这就要求教师在引导学生进行对话时必须制订一些策略，这些策略的指向应该是多元的。比如，一个学生发言后，教师不要急于点评，而要把点评的机会交还到学生手中。

"你们同意他的看法吗?"一句简单的话语就能引起学生的思考；"就这一观点你们有什么想法?"学生或质疑，或赞许，或提出不同的建议；"对比几个同学的发言，你发现了什么?"在教师的启发下，学生的思维开始活跃起来，在思维碰撞中智慧的火花不断闪现。

久而久之，我们会在课堂上看到多向的交流互动，即教师—学生 1—学生 2—学生 3……

总之，只要教师本着"为学生服务，把课堂还给学生，让学生真正成为课堂的主人"的理念，就会找出一种方法能使教师少教，但学生可以多学；能使课堂上少些喧嚣，多些快乐。

"十几减 9"传统课堂与"思维碰撞"课堂的教学对比

李 俊

【教学目标】

1. 发现生活中的数学问题，在解决数学问题的过程中学习十几减 9 的计算方法。

2. 通过独立思考、小组合作、全班交流，知道十几减 9 的计算方法是多样的。

3. 提高解决数学问题的能力，增强合作交流的意识。

【教学重难点】

1. 掌握十几减 9 的计算方法。

2. 运用十几减 9 的计算方法解决生活中的问题。

【传统课堂教学过程】

一、创设生活情境，提出问题

1. 闯关比赛。

(1) 口算。

9+1	9+5	9+7	9+6	9+4
9+2	9+9	9+8	9+3	9+0

(2) 在（　　）里填上合适的数。

9+（　　）=11　　9+（　　）=14　　9+（　　）=12

9＋（　　）＝16　　9＋（　　）＝17　　9＋（　　）＝13

2. 同学们，你们喜欢足球吗？今天老师就带大家去看一场精彩的足球射门比赛，你们想看吗？请看大屏幕。（出示情境图）

（1）谁来告诉老师你看到了什么？大家看到了这么多信息，谁能根据这些信息提出数学问题？

（2）同学们都很善于发现，提出了这么多有价值的问题。现在我们先来解决第一个问题："有几个球没进？"

二、动手操作，寻找解决问题的方法

1. 谁能根据这个问题来列一个算式？

（根据学生的回答板书：15－9。）

怎样计算15－9呢？首先请同学们用最快的速度拿出15根小棒，（让大家一眼就能看出是15根小棒）然后从15根小棒中取出9根。有几种取法呢？请同学们动手试一试。

2. 谁愿意到投影仪前边摆边说你的方法？

（学生一边操作小棒一边讲解方法。）

学生说出以下几种方法：

（1）从15根小棒中一根一根地取，取出9根，还剩6根。

（2）从15根小棒中先取出5根，再从10根小棒中取出4根，还剩6根。

（3）先从10根小棒中取出9根，剩下的1根与原来的5根加起来就是6根。

[学生每说到一种方法，教师在黑板上就对应的方法做一下总结：15－1－1－1－1－1－1－1－1－1＝6（一根一根地取）；15－5＝10，10－4＝6（先取5根，再取4根）；10－9＝1，1＋5＝6（先取9根，剩下的1根加上另外5根）。]

学生介绍完自己的算法后，教师小结：通过动手操作，我们找到了3种十几减9的算法，通过比较我们可以看出方法（3）比较容易操作，在以后的练习中可以采用这种方法，也可以选择你喜欢的方法来计算。

3. 解决第二个问题："还有几个人没踢？"

（根据学生的回答板书：16－9。）

谁来交流一下你是怎么算的？可以采用自己喜欢的方法计算。（巩固计算方法，锻炼学生的口语表达能力）

4. 看一看，想一想，今天我们解决问题所列的算式都有什么特点？（引导学生说出都是关于十几减9的计算）这就是我们今天的学习内容。今后遇到这样的题目时，你觉得哪种方法计算起来方便、速度快，就用哪种方法。

【“思维碰撞”课堂教学过程】

一、创设生活情境，提出问题

师：同学们，你们喜欢足球吗？今天老师就带大家去看一场精彩的足球射门比赛，你们想看吗？请看大屏幕。(出示情境图)

师：谁来告诉老师你看到了什么？

生：每人踢 15 个，明明踢进了 9 个，16 个人参赛，有 9 个人踢完了，

师：大家看到了这么多信息，谁能根据这些信息提出数学问题？

生：明明有几个球没踢进？

生：还有几个人没踢？

……

师：同学们都很善于发现，提出了这么多有价值的问题。现在我们先来解决第一个问题：“有几个球没进？”

二、动手操作，寻找解决问题的方法

1. 列算式。

师：谁能根据这个问题来列一个算式？

(根据学生的回答板书：15—9。)

师：谁能说说为什么用减法计算？

(学生回答。)

师：怎样计算 15—9 呢？

(学生独立思考：可以用准备好的小棒摆一摆，可以在学业纸上画一画、写一写。)

2. 小组成员在组内说一说自己的想法，评一评谁的方法最好。(在小组内进行不同算法的碰撞交流，从而筛选出一种或两种较好的算法)

3. 小组汇报方法。

师：谁愿意到投影仪前展示你们小组的方法？

(学生一边操作小棒一边讲解方法。)

方法一：

先从 10 根小棒中取出 9 根，剩下的 1 根与原来的 5 根合起来就是 6 根。

(学生汇报。)

师：大家听明白了吗？这种算法怎么样？谁来评价一下？还有什么疑问？哪个小组还有补充？

生：为什么要先用10减去9?

生：为什么要把剩下的1根和原来的5根合起来?

……

学生提出疑问后由汇报小组的同学一一解答，遇到困难时可以请其他小组帮助解答。

学生的问题解决后，教师用课件动态展示方法一的计算过程并板书。

方法二：

一个小组展示摆小棒的方法：从15根小棒中先取出5根，再从10根小棒中取出4根，还剩6根。

一个小组展示画图的方法：

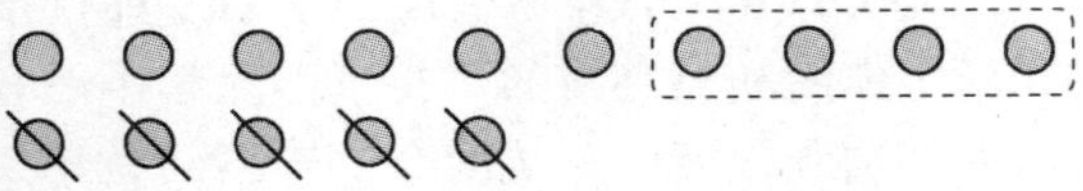

其他小组对这两种方法进行评价，提出疑问：为什么要把9分成5和4，而不分成其他的数呢?

教师适时指导全班学生共同交流解答。

师：两个小组的方法分别有什么优点?有什么缺点?

学生交流：把9分成5和4，便把15－9这个新知识转化成了旧知识15－5－4来解决，更简单了。

方法三：

9＋6＝15，15－9＝6。(已知9加6等于15，所以算出15减9等于6。)

教师引导学生小组之间进行交流、质疑。

方法四：

15－10＝5，5＋1＝6。

汇报后，其他小组质疑：这种方法可行吗?如果可行，为什么把9看成10?为什么5要加1?

小组之间进行辩论，得出方法四的优缺点。

教师小结：通过动手操作，我们找到了4种计算十几减9的方法，你最喜欢哪种方法?为什么?

引导学生对自己喜欢的方法进行评价与补充。

4. 解决第二个问题："还有几个人没踢?"

(根据学生的回答板书：16－9。)

师：谁来交流一下你是怎么算的?可以采用自己喜欢的方法计算。

教师小结：看一看，想一想，今天我们解决问题所列的算式都有什么特点?（引导学生说出都是关于十几减9的计算）这就是我们今天的学习内容。今后遇到这样的题目时，你觉得哪种方法计算起来方便、速度快，就用哪种方法。

众所周知，低年级的数学教学要注重培养学生提出问题、解决问题的能力，使学生能主动深入地用数学的眼光观察生活，用数学的头脑思考问题，并通过动手实践、自主探究、合作交流的方式去解决问题，从而实现数学课堂的生活化、社会化和实用化。数学课堂教学要关注学生的学习过程和情感体验，教师要通过创设问题情境，为学生营造平等、开放的学习氛围，引导学生进行数学思维活动，更好地体现新课程的教育理念。

在“十几减9”的教学中，李老师呈现了小朋友进行足球射门比赛的情境，这个活动是学生熟悉和感兴趣的，易于消除学生对教学内容的陌生感，激发学生学习的热情和积极性。从两个基于不同教学理念的教学过程中可以看出，基于“思维碰撞”的课堂教学更能激发学生的思考。在基于“思维碰撞”的课堂教学中，教师给了学生更大的空间，发挥了他们的主体性，激发了他们的创造力，让学生在困惑、思考、探究、交流、比较的过程中主动获取知识，并亲身体会到数学与生活息息相关、密切相连。教师把课堂的主动权充分交给学生，让学生在观察、讨论、交流等活动中去思考计算方法，领悟计算方法的多样化，教师只起到组织者、点拨者的作用。在教学过程中，教师让学生先在组内讲述自己的计算方法，然后让每组派一个代表向全班同学汇报，这一教学环节的设计为学生之间的数学交流提供了较大的空间，使每个学生都有机会充分发表自己的不同想法，都有机会体验成功的喜悦。学生在相互影响和相互激励下，想出了不同的“十几减9”的计算方法，体会到了学数学的乐趣，这对小学一年级的学生来说是一种可贵的体验。

在“思维碰撞”课堂中，学生的思维被激活，学生存在的知识问题会曝光，存在的思维问题会暴露，这一方面给课堂带来了许多鲜活的教学资源和意想不到的惊喜，另一方面给教师的课堂教学带来了巨大的挑战。

四、小学数学“思维碰撞”课堂带给学生的变化

伴随着小学数学“思维碰撞”课堂的推行，学生成为教与学的主角，课堂上出现了更多师生互动、平等参与的情景，教学组织形式异彩纷呈，小组合作学习成为小学数学“思维碰撞”课堂上的一个闪光点。那么，小学数学“思维碰撞”课堂中的小组合作学习究竟给学生带来了怎样的变化呢?

1. 培养了一批责任心强的班干部

在小组合作学习中，每个小组都有一个小组长（一般为1号）。为了帮助他们树立威信，教师会郑重地向全体学生宣布：每个小组的1号就是我们的小组长，他们享有绝对的权力，仅次于班主任。同时，教师还会把班内的一些事务交给他们来处理，只要做得好，就大力表扬。这样一来，小组长们工作起来很用心。经过一段时间的锻炼，他们俨然成了一个个小班主任，在班主任比较忙时，把班级事务管理得井井有条。

2. 增强了自我管理能力，强化了自主意识和竞争意识

小组评价，实施的是小组捆绑考核制度，每个成员的表现都将直接关系到小组的荣辱。小组长们积极组织小组成员共商小组制度，进行必要的分工。这样一来，小组的凝聚力提高了，小组间的竞争意识增强了，不甘落后的学生在小组内也悄悄形成了你追我赶的局面。

3. 提升了团队意识，提高了合作能力

小组合作学习在班级中营造了互帮互学的氛围，使学生都能被他人接受、信任和认同，从而体验到合作学习的快乐，这便激发了学生的求知欲，使学生对学习充满了热情。在小组合作学习过程中，每个人都有分工，都有独立思考的机会，都有参与探究问题的机会。学生不仅为自己的学习负责，还为本组的荣誉负责，每个人都会尽自己的最大努力去完成学习任务，为小组争光。

4. 增加了获得成功的可能

小组的学习、活动、竞赛要求人人参与，使得成功的机会不是仅限于少数优等生，而是面向全体学生的。在小组合作学习中，每个小组成员都坚信自己的能力，都通过努力获得了不同程度的成长。事实证明，学生的成绩越来越接近了，学困生成为学优生、成为组长的例子并不少见。长期以来，如何转变学困生一直是个难题，而小组合作学习给每个学生获得成功提供了相同的机会，使每个学生都能体验到成功的喜悦，进而增强了自信心。

此外，在实际操作中，我们对不同层次的学生提出了不同的挑战。比如，3号、4号的挑战一定比1号、2号简单。但是，同一轮的较量中，他们的难度系数又基本相同。这样，学生不必给自己太大的压力，只要努力了，就有可能战胜相同号数的同学，从而体验到成功的喜悦。这种良性循环，使学生在不知不觉中不断进步。

5. 锻炼了各种能力

采取小组合作学习后，学生面临的是怎样将自己学到的知识清楚地与

同学分享。写展板时，谁不想给大家展示自己漂亮的字体？全班交流时，面对几十双眼睛，要想清楚地表达自己的意思，需要多大的勇气？没有自信怎么行？长期进行口头表达，学生的语言表达能力怎么可能得不到提高？

总之，“思维碰撞”课堂采用小组合作的学习方式，其立足点不是要否定传统教学，而是要对传统教学进行补充、改进，进而改变传统教学体系中师生之间单向或双向的交流模式，形成师生、生生之间的全方位、多层次、多角度的交流模式，使小组中的每个人都有机会发表自己的观点与看法，也乐于倾听他人的意见，使学生感受到学习是一件愉快的事情，从而满足学生的心理需要，促进学生智力因素和非智力因素的和谐发展，最终达到使学生学会、会学、乐学的目标，进而有效地提高教学质量。

第三节　初中语文课堂

“什么是语文？平常说的话叫口头语言，写到纸面上叫书面语言。语就是口头语言，文就是书面语言，把口头语言和书面语言连在一起说，就叫语文。”这是叶圣陶先生对“语文”这一课程名称的内涵所做的权威性解释。叶老强调语言实践，即语用学范畴的“言语”。听、说、读、写的言语过程是交际双方在语言与思维共同作用下凭借语言对思想和信息进行表达及理解的过程。

思维要借助语言运行，语言必须依靠思维来组织，大脑内部对各种知识经验的加工需要依靠语言和思维共同作用，这便决定了语文课程在思维能力培养上发挥着重要的功能。《义务教育语文课程标准（2011 年版）》（以下简称“语文新课标”）中明确指出：“在发展语言能力的同时，发展思维能力。”语文新课标将“发展思维能力”确定为课程目标，体现了思维培养在整个语文教育中的重要地位，这就要求我们在语文教学中要重视对学生思维能力、思维品质、思维习惯的培养和训练。基于此，我校对初中语文课堂进行了改造，以使学生的思维在课堂上得到培养和发展。

初中语文课堂改造的基本思路：在教材整合的基础上，抓住碰撞点设计问题与活动，引发学生的思维碰撞。

一、教材整合是基础

教师对课程资源的开发能力和利用能力在一定程度上决定着其教学水平。教师只有充分理解了国家课程以主题为单元的编排意图，才能真正从学生的语文素养出发，整合教材，引导学生走向语文学习的有效时空。基于这一点，我们对初中语文教材进行了以下整合。

横向整合，即学科间的整合，将语文与其他学科及教材外的其他资料进行整合。在横向整合中，我们依据教材内容，有意识、有目的地寻找相关资源。如在学习《我的伯父鲁迅先生》时，引领学生拓展阅读《故乡》；在学生基本形成阅读鉴赏能力后，我们和美术组的亓老师一起组织学生进行古典诗词意境描绘练习。

纵向整合，即学科内的整合。在纵向整合中，我们将阅读训练与写作训练相整合。如我校八年级开展了“描绘自然美景”写景抒情类作文专题训练。首先，通过《夏感》一文的学习调动学生对写景抒情类散文的喜爱；其次，教师和学生一起徜徉在写景抒情的名作中，读朱自清的《荷塘月色》、郁达夫的《故都的秋》《江南的冬景》等；再次，调动学生的阅读经验，引导学生梳理写景散文常见的写作方法；最后，引导学生思考“怎样才能写好景”——抓住特点、写出层次、融入感情、锤炼语言等。经过一系列的学习学生自然就能下笔如有神了。

时空整合，即将语文教学与学生生活进行整合。教师在教学中，要引领学生从教材中跳出来，将学生语文学习的视线引向校园、家庭、社会等，使学生在现实生活中学习语文。首先，教师要善于捕捉教材与生活的联系点；其次，教师要善于设计问题，让学生从教材中走向生活。同时，教师还要善于捕捉身边的语文信息，让学生从生活中学语文。教师要把语文教学融入生活中，把教学内容与生活相联系，拉近语文教学与学生生活的距离。

二、优质问题是核心

在初中语文“思维碰撞”课堂中，我们一方面要触发学生的主体内碰撞，也就是学生的内在思考；另一方面要触发学生的主体间碰撞，也就是外在对话。通过实践我们发现，优质的问题可以有效地引导学生在课堂上进行思维碰撞。在设计问题时，我们注重两个方面，即教师提出优质问题和学生提出优质问题。

优质的问题有助于学生理解新的概念或观念，在教学中，我们利用问题来引导学生进行思维碰撞，帮助学生提高学习水平。在提出优质问题方面，我们是这样做的。

一方面，先让学生将备学过程中的疑难问题标注在教材的相关位置并整理到纸上，然后在课堂上让学生在小组内讨论各自的问题，再选出有代表性、有意义的问题进行全班讨论，最后教师和学生一起筛选出最有价值的问题讨论解决。当学生开始就内容提出自己的问题时，便开始了真正的思考。

另一方面，教师要课前设计好具有代表性、能引发学生思考的有价值的问题，课上让学生讨论。教师在设计问题前要先问自己："在这个时候问这个问题，目的是什么?""这个问题是否有价值?""这个问题能否激发学生的思考?"通过不断地自问自答，筛选出优质问题。

教师要知道，优质的问题有着较大的思维空间，答案常常不是唯一的，它有利于提高学生的思考能力和语言表达能力。有了优质问题的引领，学生的思维才能形散而神聚，表达才能多样而精彩。

如在教学《伯牙绝弦》时，教师设计了以下问题。

1. 伯牙是春秋时期著名的琴师，琴技高超，被人们誉为"琴仙"。他的琴声真可谓美妙绝伦，天籁之音。这样一个把琴当作生命，把音乐当作生命的人，最后为什么选择了"破琴绝弦，终身不复鼓"?

2. 伯牙不仅是"琴仙"，还是晋国的上大夫。而子期只不过是伯牙偶遇的一个山野樵夫，伯牙为何会把子期当作知音呢?

3. 我们说琴声即心声。那些王公贵族、高官大臣们没听出来，子期却听出来的到底是什么?

《伯牙绝弦》教学片段

师：我们说琴声即心声。那些王公贵族、高官大臣们没听出来，子期却听出来的到底是什么?

生：伯牙想到了高山、流水，子期也听出了高山、流水。

师：当伯牙鼓琴志在高山时，子期的眼前仿佛出现了什么?

生：峨峨兮若泰山。(断句不对)

师：注意断句。

(师范读，生再读。)

师：子期的面前出现了怎样的泰山?

生：是高大巍峨的泰山。

师：用子期的话说就是峨峨的泰山。子期能听出这样的泰山，你能读出这样的泰山吗?

生：能!(生读)

师：杜甫说："会当凌绝顶，一览众山小。"这说的就是泰山啊!来，我们"站在"泰山的最高峰，再读读这句话!

(生读，比刚才有进步。)

(教师与学生一起读，其他学生不由地也读了起来。)

师：“峨峨”仅仅是说泰山的高吗？泰山可是五岳之首啊！

生：泰山还很巍峨、雄伟！

师：巍峨峻拔，有一种王者的气魄！谁再来读读这句话？

（一生读，读得很有气势。）

在该教学片段中，教师精心设计的问题激发了学生的学习热情。通过问题的引领，在交流展示中，学生对“峨峨兮若泰山”这句话的理解更深入而明晰了。

三、思辨活动是关键

为在初中语文课堂上捕捉到学生思维碰撞的火花，组织有效的思辨活动，我们进行了不断的尝试和探索。

1. 涵咏美读，感情碰撞

朗读是学生与文本直接对话的主要形式，是学生积极参与阅读实践的个性化行为。在学生还缺乏对文本语言的理解与感悟时，就训练学生有感情地朗读，给学生“读得重一点儿”“读得再高兴些”等明确的提示，会使课堂上听似书声琅琅，实是缺少思维参与的朗读，除了那抑扬顿挫的固定调式之外，学生情未动，思未发，课文语言自然也就不可能真正走进学生的心里。例如，教学《别饿坏了那匹马》一文，在围绕问题“你从哪里看出这是一句谎言的?”进行讨论时，有学生说道：“从为了保护‘谎言’，残疾青年对‘我’大喊‘你放下！等碧云来拿!’看出来的。”在两个组的学生对这句话进行朗读展示后，教师请其他学生进行评价：“你认为谁读得好？为什么?”多数学生从语气、语调、语速等角度进行了评价，其中，曹震同学评价道：“我认为孙润雨同学读得好，吴树州同学读‘你放下’时语气太重，也太急促了。”在该教学环节中，小组间不同的朗读方式传达出的是同学们对语句不同的理解。在这一过程中，学生朗读、倾听、评价，在思维碰撞中加深了对人物、对文本的理解。

有些学生有良好的语感，很容易读出文本的感情和韵味来。但是大多数学生的朗读都是干干巴巴的。此时，教师可以给学生一个思维的抓手，使学生通过深入思考，加深对语句的理解，并将这些理解由内而外融入声音中，从而使朗读变得有滋有味。

《爱莲说》教学片段

师：世风污浊，周敦颐不甘沉沦，他要像屈原一样，“举世混浊而我独清，众人皆醉而我独醒”。他向世人宣告——

生（齐）：予独爱莲之出淤泥而不染，濯清涟而不妖，中通外直，不蔓不枝，香远益清，亭亭净植，可远观而不可亵玩焉。

师：他一生爱莲，奉行君子之道：先行其言而后从之。他为官一方，就造福一方百姓；他不畏强权，努力洗清百姓的冤屈。他为什么要这样做呢？因为——

生（齐）：予独爱莲之出淤泥而不染，濯清涟而不妖，中通外直，不蔓不枝，香远益清，亭亭净植，可远观而不可亵玩焉。

师：他一生爱莲，也如莲一般清廉。虽然生活清苦，但他还是把积蓄送给了故里的父老乡亲。因为他——

生（齐）：予独爱莲之出淤泥而不染，濯清涟而不妖，中通外直，不蔓不枝，香远益清，亭亭净植，可远观而不可亵玩焉。

师：他一生爱莲，曾开挖一池全部种上莲花。有时独自一人，有时三五好友，在池畔品茶赏花。

师：转眼千年，爱莲池依旧莲花飘香，周敦颐的《爱莲说》也常常萦绕在我们心间。

师：孟子云："富贵不能淫，贫贱不能移，威武不能屈，此之谓大丈夫。"周敦颐就是这样一位大丈夫。我们通过小小的一株莲看到了一颗干净的心、一个傲视世俗的伟大灵魂和"独善其身，兼济天下"的君子情怀。

（生齐读全文）。

在反复地诵读中，学生经历的不仅仅是音韵间的碰撞，更是情感的碰撞。学生用声音把自己对诗歌的理解和感悟表达了出来，不仅提高了朗读能力，而且经历了一次极好的审美体验。

2. 交流感悟，理解碰撞

学生在理解能力、思维方式等方面存在差异，这种差异对实现学生的思维碰撞极为有利。在课堂教学中，教师要引导学生把自己的思考方法、策略、对问题的理解等与同学交流，让学生在交流中产生碰撞。在初中语文教学中，教师可以引导学生通过批注式阅读来交流感悟，进行思维碰撞。

批注式阅读可分为三个阶段。

第一阶段：课前预习，简单的文字批注。

批注的内容为疏通文字，初见梗概，发现疑问，提出问题。

第二阶段：课中讲读，启发性批注。

专题批注。引导学生在阅读过程中对课文的重点、难点进行批注。批注的内容包括对重点句的赏析、教师和同学讲述的要点、言简意赅的评语等。

释疑批注。在阅读过程或练习中实施，批注的内容包括解答疑问、学习心得等。

第三阶段：课后拓展，延伸批注。

延伸批注既是对原有批注的补充、修正，又是对原有批注的拓展，以检验阅读效果，提高阅读能力。

下面我们通过《木兰诗》一课的教学片段来看一看如何通过批注式阅读引导学生进行思维碰撞。

《木兰诗》教学片段

师：花木兰女扮男装，代父从军，其巾帼英雄的形象流传至今。你从诗中看到了一个怎样的木兰？大家在自读时已经结合具体诗句对人物形象做了旁批，现在请大家组内交流，分享你的读书成果。

（生组内自由交流，师巡视。）

师：下面来展示你们小组的读书成果。先读句子，再说你通过句子看到了一个怎样的木兰，其他同学可以积极补充。

生："愿为市鞍马，从此替爷征。"通过这句话我们看到了一个非常孝顺的木兰。因为她不愿意看到自己的父亲战死沙场，所以自己去参军，代替父亲战死沙场。

师：为了父亲，勇于牺牲自己。

生：我从这句话中看出木兰是自愿代父从军的。

生：我觉得刚才有一个地方说得不是很准确，因为木兰不一定会战死沙场。

师：对呀，木兰和其他将士胜利归来了。

生：因为父亲年纪大了，她不愿意看到父亲劳累，所以才代父从军的。

生：从这句话中我还知道了木兰是一个有坚定信念的人。"愿为市鞍马"说明她已经决定去买马了。

师：主意已定，赶紧奔赴沙场。来，把这种"坚定"读出来。

（生读句子。）

师：木兰为了年迈的父亲，勇于牺牲自己，奔赴沙场。木兰一下子就决定了吗？

生：不是。从"女亦无所思，女亦无所忆"可以看出来。

生：从"唧唧复唧唧，木兰当户织。不闻机杼声，惟闻女叹息"也能看出来。

师：木兰为什么要叹息？

生：因为“军书十二卷，卷卷有爷名。阿爷无大儿，木兰无长兄”。

师：一声叹息，万千思绪。一边是年迈的父亲，一边是沉重的征役，几番思索，几番犹豫，木兰决定女扮男装，代父从军。从犹豫到决心已定，木兰的心理是变化的，因此读的语气也应该有所变化，犹豫不决时语气要缓慢，一旦决心已定，语气就要铿锵有力。

师：一个孝顺的木兰赫然立于我们眼前。老师还想说，此时的木兰承担起了本该由“阿爷”和“长兄”承担的责任。因此，木兰不仅孝顺，还是一个——

生：有担当的人。

师：对。继续我们的话题，你还从句子中看到了一个怎样的木兰？

生：“策勋十二转，赏赐百千强。可汗问所欲，木兰不用尚书郎。”我们从这两句中看到了一个不贪恋钱财、官位的木兰。

师：“木兰不用尚书郎。”她为什么“不用”？

生：因为她非常想回家。

生：她不想在乡亲面前摆架子。

师：她想做一个平凡的人。

师：立了战功的木兰舍弃的是——

生：荣华富贵。

师：她要的是——

生：亲情。

师：对，亲情、天伦之乐。这里面包含的是木兰对家乡、对父母最深切的眷恋。正如艾青所言：“为什么我的眼里常含泪水，因为我对这土地爱的深沉。”单薄、朴实的木兰站在了我们眼前。

生：“开我东阁门，坐我西阁床，脱我战时袍，著我旧时裳，当窗理云鬓，对镜帖花黄。”从这句中，我们看到了一个柔美的木兰。

师：一个柔美的木兰，刚才我们解读了木兰英雄的一面，原来英雄也柔美，英雄也妩媚！

生：我们是从“当窗理云鬓，对镜贴花黄”这句看出木兰的柔美的。

师：脱下厚重的铠甲，换上自己喜欢的女儿装，对着镜子精心打扮。那么，她在换装、打扮的过程中心情是怎样的？

生：喜悦的、激动的。

生：高兴的、兴奋的。

师：谁能把这种喜悦读出来？

（生读。）

师：大家一起带着喜悦的心情齐读。

（生齐读。）

师：老师也找到了一处："万里赴戎机，关山度若飞。朔气传金柝，寒光照铁衣。将军百战死，壮士十年归。"老师从这几句中看到了一个具有英雄气概的木兰。

师：诗歌的语言是凝练的，但它却给了我们广阔的想象空间，请同学们闭上眼睛听老师读，然后把想象的画面描述出来。

师："朔气传金柝，寒光照铁衣。"

生：寒气中传来打更的声音，月光照在士兵沉重的铠甲上。

师：荒凉空寂的边塞，北风吹来，更鼓声声；清冷的月光照在将士们厚重的铠甲上，更显得寒气逼人。这是一幅女英雄戍守边关的剪影！

（生齐读。）

师：我们用发现、鉴赏的眼光，从诗歌中看到了刚柔并济的木兰、千娇百媚的木兰、坚毅的木兰。

在该教学片段中，学生通过交流批注进行思维碰撞，进而对花木兰这一人物形象有了更深刻的认识。

3. 角色模拟，体验碰撞

角色模拟有多种形式，其中访谈和课本剧是比较常用的。访谈即由一名或多名学生站在作者或文中人物的角度接受其他同学的采访，并回答他们提出的问题。这种活动方式需要学生做好充分的准备，深入了解事件或人物。

课本剧即把教材中叙事性的文章改编为戏剧形式，让学生扮演文中的角色，通过表演来表达文章的主题。课本剧表演不仅使学生对文本有了准确的感知、深刻的理解，还使学生在排演中活跃了思维，获得了情感愉悦和审美享受。

一位教师在教学《变色龙》一文时，让学生进行课本剧表演。四名小演员一上舞台就蹲在了地上，听课的教师都感到疑惑。但当"赫留金"大喊着"别放走它！"冲上舞台时，这四名小演员一下子站起身，聚拢到了"赫留金"的身边。原来他们是为了表现广场环境的变化——由开始静得可怕到人们好像一下子从地底下钻出来了。课本剧表演能引导学生通过自己的阅读感悟、表演体验去把握文本特点、揣摩作品语言、演绎故事情节和塑造人物形象。

课本剧表演不仅锻炼了学生的创编能力，还有利于彰显学生的个性，培养学生的合作精神。

4. 评析辩论，思维碰撞

我校的课堂改造把重点放在了学生如何“学”的问题上，并将“思维碰撞”作为课堂改造的关键。没有思维碰撞的课堂，无法激发学生的学习斗志；没有思维碰撞的课堂，不会出现盎然的生命活力。语文课堂上的思维碰撞可以小到字音、词义的明确，大至文章核心问题的探讨。在思维碰撞的过程中，学生的学习变得更充实了。思维碰撞造就了一种“百家争鸣”的学习格局。

《伯牙绝弦》教学片段

师：子期死后，伯牙为何要破琴绝弦？你是否同意他的这种做法？

（生先组内交流，然后进行全班交流。）

生：我认为，伯牙不应该摔琴，因为那是他最心爱的琴。而且，子期已经去世了，这把琴又是他和子期之间最有纪念意义的东西，他把琴摔了不是代表他们的友情没有任何意义了吗？

生：我认为他这样做是对的。为了知音放弃自己的名誉很多人可能会觉得很可惜，但对伯牙来说，如果没有人能听懂他的琴声不如不弹琴了。能找到一个知音很难，所以我觉得他做得对！

生：我反对。天涯何处无芳草。天下之大，说不定还能找到比子期更懂他的琴声的人，他完全可以再找一个知音。虽然知音难求，知音难觅，但是也不能无端地认为自己再也找不到知音了。我觉得伯牙太悲观了，他应该乐观地去面对一切，不放弃对生活的追求，这样才能对得起九泉之下的子期。

生：我赞成伯牙的做法。因为“士为知己者死”。

……

在辩论中，学生各抒己见，有理有据，在思维碰撞中，对伯牙和子期之间的友谊有了更深的认识，对伯牙也有了更清晰的认识。

四、学业纸与微课程是载体

1. 学业纸

学业纸是指导学生开展学习活动的辅助工具。初中语文学科的学业纸更加注重实用性。

初中语文学科的学业纸由思维导引、思维碰撞、思维迁移、思维导图四部分组成。

“思维导引”部分包括三方面内容：引导学生了解文学常识，把需要学生掌握的重点文学常识以填空形式列出；引导学生读课文，标画词语、标注读音、背诵课文重点注释，并将这些内容整理在学业纸上；引导学生整体感知课文内容。

"思维碰撞"部分前文已有详细论述，在此不再赘述。

"思维迁移"部分注重语文教学资源的整合在达标检测中的体现，兼顾课内知识的补充与拓展。教师要本着可行、简单、易操作的原则精选习题，也可以自编习题。每篇课文设计一个达标检测，习题不宜太多，学生能在10分钟左右完成即可。

如杨春静老师在《旅鼠之谜》学业纸的"思维迁移"部分中，整合了课外阅读资源——《奇特的年轮》，引导学生进一步感受说明文的基本特点。又如，王乐芳老师执教《在沙漠中心》一课时，在学业纸的"思维迁移"部分中写道："今天我们一起认识了圣埃克絮佩里，你能找到哪些关键词（如勇气）来注解他的人生？请选择其中一个，写两句或生动或富有哲理的话。"学生拥有自己的阅读感受并形成阅读评价不也是一种很好的思维迁移吗？

"思维导图"部分主要让学生凭借自己对文本的理解画出知识架构图。在语文教学中运用思维导图，有助于学生理清思维脉络，构建知识结构，探讨问题，捕捉灵感，提高语文素养和思维品质。在初中语文课堂上使用思维导图具有以下优点。

（1）有利于增强学生的学习兴趣

在制作思维导图的过程中，学生会不断有新的发现，这有利于学生提高探究新事物的能力，提高学习的主观能动性，由被动学习转为主动学习，把学习当作一种乐趣。

（2）有利于加深学生对知识的理解

在制作思维导图时，通过查找关键词和核心内容，学生可以更好地理解所学知识。思维导图能直观而有层次地显示出知识的结构，以及一些重要的观点和事实证据，可以使学生完善已有的知识体系，加深对知识的理解。

（3）有利于学生对知识形成整体认识

思维导图能使某一特定领域的知识以整体的、一目了然的方式呈现出来，全面展示知识要点，直观地表现出各要点间的层次关系和因果关系，帮助学生在头脑中建立清晰、完整、形象的知识结构，使学生全面把握某方面知识的整体情况。

（4）有利于提高学生的信息处理能力

在阅读、写作或研究性学习过程中，思维导图可以记录从各种渠道获取的信息，依据知识的内在逻辑关系或者使用者的特定需要，对有关资料进行重组。随着思维导图的逐步完善，使用者对中心主题的理解日益深刻，完整地描述思维成果也就水到渠成了。

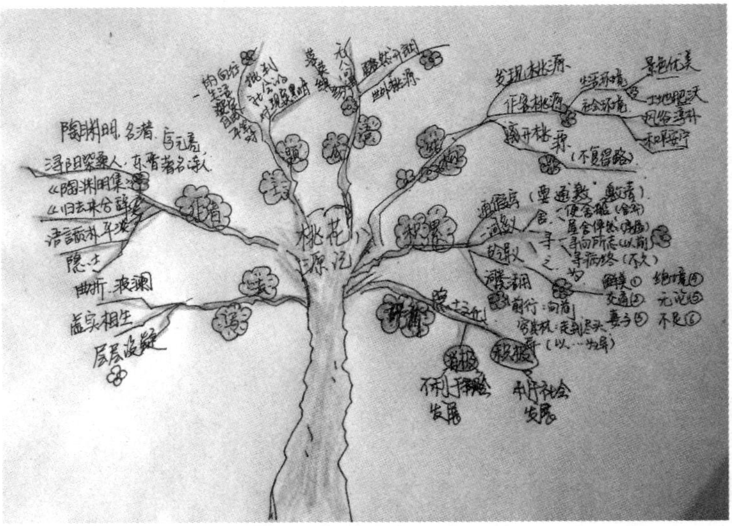

《桃花源记》思维导图

这是《桃花源记》一文的思维导图。围绕课文，学生从写法、作者、主题、成语、结构、字词积累、评价等方面进行梳理，将课文的重要知识点整理在一幅图中，清晰地展现了自己对文本的理解。

学业纸的使用对教师而言，可以集合大家的智慧，有利于共同进步；对学生而言，是备学的抓手、课堂研讨的领路者、落实学习内容的主阵地。我们特别注重根据教学情况对学业纸进行“师本化”再加工——在学业纸上展示执教教师的课后反思。这才是在集体智慧下的个体闪光。

2. 微课程

微课程是选择一个具体的小问题，通过视频录制、播放的形式向学生讲授知识点。微课程不仅简单实用，而且便于传播，具有引领预习或查缺补漏的作用。学生可以根据自己的实际情况有选择地反复观看。

《叙事的波澜》微课程脚本（节选）

一、引入

一位老太太做寿，她的子孙请来唐伯虎为她题诗。亲朋好友争相来看。唐伯虎挥笔写下：这个婆娘不是人（举座皆惊），九天仙女下凡尘（喝彩），儿孙个个都是贼（惊怒），偷得寿桃献至亲（拍手叫好）。短短四句，跌宕起伏，吊足胃口。这就叫作事件的波澜。

二、问题出示

1. 什么是事件的波澜？

事件的波澜就是事件的曲折变化。

2. 为什么要写出事件的波澜？

(1) 客观事物本身就是起伏变化的，只有写出了事件的波澜，才能准确地反映客观事物。

(2) 只有写出了事件的波澜才能达到引人入胜的效果。

3. 怎样才能写出事件的波澜？

(1) 善于选择本身就曲折复杂的事件来写。

(2) 运用使叙事曲折的技巧。

三、叙事技巧

1. 情节突转法

先请大家看一个故事。

期中考试之后，数学老师要公布成绩。他说：“90 分以上和 80 分以上的人数一样多，80 分以上和 70 分以上的人数也一样多。”话一说完，学生一片议论，以为大家都考得不错。这时，一名学生追问道：“不及格的人数呢?”

老师回答：“不及格的人数和全班的人数一样多。”

这个故事就运用了情节突转法。情节突转法是指记叙事件时，顺着一个方向铺陈渲染，把读者的注意力和情感愿望吸引到这个方向发展的一种可能性上去，层层推向高潮；达到顶点时，笔锋陡然一转，通过另一种结局的突然揭晓掀起波澜。

2. 抑扬交错法

叙述中，先让情况尽量向某一个方向发展，造成对后面情节的一种充分的反向蓄势，然后使情况向相反的方向陡转，从而形成落差和波澜，给人以感情冲击和心灵震撼。请看下面这个故事。

有一个贵族老爷的马被盗了。第二天他在所有的报纸上都刊登了一则声明：“如果不把马还给我，我就要采取我父亲在这种情况下采取过的非常措施了。”小偷不知道会产生什么严重后果，他想着可能是某种特别可怕的惩罚，很害怕，于是偷偷地把马送还了。能有这样的结局，贵族老爷很高兴。他向朋友们说，他很幸运，因为不需要步父亲的后尘了。

“请问你父亲是怎么做的?”朋友们问他。

“好吧，我告诉你们。有一次他住旅店时，马被偷走了，他就把马肚带套在脖子上，背着马鞍走回家了。如果小偷不是这样善良和客气的话，我一定会照父亲那种做法去做!”

该微课程的设想是，通过引导让学生明确叙事要波澜起伏，再通过阅读分析，使学生初步掌握写出波澜的几种方法；然后让学生课下练笔，使学生初步具备构思波澜的能力，最后能独立完成一篇完整的作文。

五、初中语文“思维碰撞”课堂的效果

“水本无华，相荡而生涟漪；石本无火，相击而发灵光。”思维只有通过不断地互相碰撞，才能发展，才能不断完善。“思维碰撞”课堂促进了学生的发展，使学生的问题意识和质疑能力大大增强。如今，学生在课堂上善于提问、敢于质疑了，其生命活力得到充分展现。

在构建“思维碰撞”课堂的实践中，教师们努力耕耘着，也幸福地收获着——

课堂改造，让师生体会到了全新的课堂氛围。“思维碰撞”这一概念并不简单，教师需要让学生的思维活跃起来，只有这样，课堂上才会出现“各抒己见”“百家争鸣”的局面，只有这样才会有真正的思维碰撞，学生才能主动地从中学到知识，提高能力。这样的课堂总是带给我惊喜，学生的能力，真是我们这些成人无法估量的。既然这样，我们为什么要遏制他们呢？与其我们塞给他们知识，还不如让他们自己主动去寻找、学习知识，这样他们对知识的掌握要扎实得多。

——李颖慧

思维碰撞点的设计，让我们抓住了语文学习的眼睛。就复习课的思维碰撞点而言，阅读方法的学以致用是学生学习的重点、难点，学生在总结、归纳、汇报、运用中提升了能力。这就是我们构建“思维碰撞”课堂的最终目的!

——苏秀梅

学习方式的改变是提高学习效率的手段，前置学习是为了让学生的学习变被动为主动，小组合作学习是为了让学生的学习既个动又互动，探究学习则是为了让学生的学习由促动到能动。只要在教学中牢牢贯彻这一点，课堂会变得很轻松。

——王玉玺

第四节　初中数学课堂

一、初中数学“思维碰撞”课堂的构建原则

我校课堂改造要求每个教师在教学中都要做到精简个体学习、优化协作学习、提升组织艺术、发挥“协作互惠”的育人内涵，争取把数学课堂建设成为互帮互助、互教互学、共享智慧、共同发展的学习共同体。基于此，根据学校“教学个性鲜明、课堂百花齐放”的课堂改造方向，我校初中数学教研组经过教研讨论制订了“成果向导”“任务驱动”“合作展示”“尝试探究”等多种教学模式，以构建“思维碰撞”课堂。

在构建初中数学“思维碰撞”课堂的过程中，我们坚持以下几点原则。

1. 课堂教学形式灵活多变

我们要求数学教师在教学过程中采用多种教学形式来激发学生的兴趣，提高课堂教学效率。可以采用学生主讲的主体式教学形式，如结合单元教学目标让学生主讲，教师走到学生中间，作为一名“学生”听讲；也可以采用以学生活动为主的活动式教学形式。

2. 培养学生的问题意识

问题是学生学习的起点，是培养学生创新思维的载体，所以教师在教学过程中必须注重培养学生的问题意识。一方面，教师在教学引导中要精心设计问题，根据教学的不同阶段设计具有创造性的问题；另一方面，要鼓励学生大胆发现问题、提出问题，最后自行解决问题。教师要倡导无错原则，即疑问无禁区、疑问无错误。

3. 为学生的可持续发展埋下伏笔

数学教学的最高境界应该是在课堂教学结束后，仍能让学生保持继续学习的兴趣。激发学生对所学内容深入研讨的欲望对培养学生的创造性思维十分有益。

结合学校安排，为配合这次课堂改造活动，力争使学生的学习能力及知识水平更上一层楼，我们以学业纸替代了学生的学案及教师的教案。本着“提升学生能力”的原则设计的学业纸，充分体现了本次课堂改造“让学生在做（参与）中学”的理念。

二、初中数学“思维碰撞”课堂的基本教学方式与学习方法

1. 教学方式

数学课堂改造的基本思路是，在教材整合的基础上，教师要转换角

色，改变之前的教学行为，活用教材，发现、设计并抓住教材中的“碰撞点”设计问题与活动，以形成数学学科的“思维碰撞”课堂。在教学方式上，教师要努力做到以下几点。

（1）基于小组合作选择和安排教学内容。

（2）以与学生年龄特征相适应的大众化、生活化的方式呈现教学内容。

（3）逐步形成符合课堂改造的数学教学模式。

（4）使学生在活动中学习数学，提高数学学习能力。

（5）转变师生角色，创设民主和谐的课堂氛围。

（6）变重传授为重发展。

（7）变重教师的教为重学生的学。

2. *学习方法*

在探究教师教学方式的同时，我们也在积极推进学生学习方式的变革。

（1）合作交流式学习

合作交流式学习的基本方式

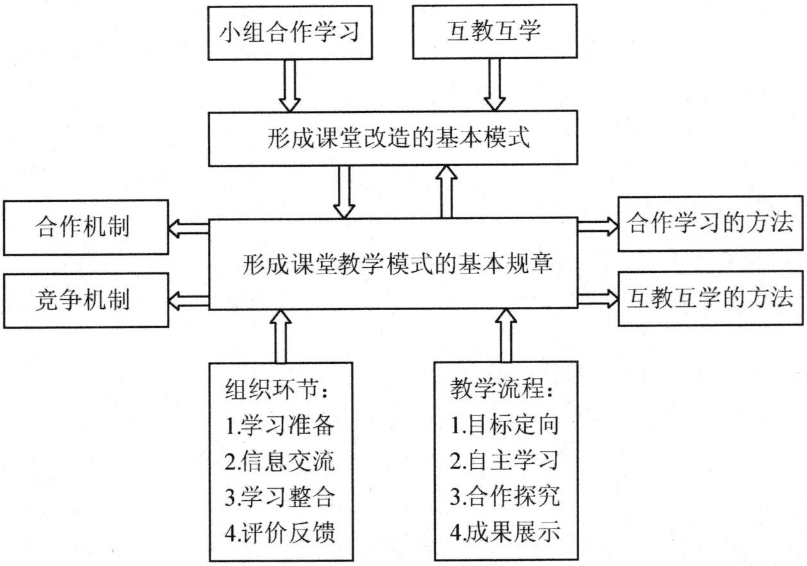

我们积极提倡合作交流式学习，为学生提供合作交流学习的条件和机会。合作包括师生合作和生生合作两个方面。师生合作表现在，学生在学习中遇到问题时向教师寻求帮助，教师根据难易程度以及学生的学习能力，给予学生相应的提示、建议、讲解等；生生合作表现在，让学生分组学习、交流、讨论，共同完成某项任务，以培养学生的思考能力、表达能力、计算能力。

（2）自我探究式学习

教师只给出要解决的问题，解决问题的方法、工具等都由学生自己来决定，教师要做的就是把学生的各种方案收集起来提供给大家，让大家分析、质疑、论证。这样不仅能提高学生分析问题和解决问题的能力，还能磨炼学生的意志，培养学生的创新能力。

三、初中数学"思维碰撞"课堂的学业纸设计

学业纸是教师教学思想、教学方法的外在体现，它既是教师组织课堂教学的抓手，也是学生顺利完成学习任务的指路牌。随着我校课堂改造工作的不断深化，学业纸的内容和形式也不断得到完善。

初中数学学科的学业纸经历了从初始阶段到发展阶段再到整合阶段的演变历程，最终形成了现在由思维导引、思维碰撞、思维迁移、思维导图、质疑发现、感受评价六部分组成的学业纸。它的最大特点是突出学生思维活动的重要性，注重学生独立学习能力和思维能力的培养。

1. 初始阶段学业纸的特点及存在的问题

最初始的学业纸

——以"一元一次不等式和一元一次不等式组"学业纸为例

主备教师：于连军　审核人：赵勇、古乐娟、刘艳　审批人：刘新强

学生姓名：______　班级：______　小组：______　使用时间：______

教学过程	方法与要求
明确目标 1. 了解不等式的意义，知道不等式是研究量与量之间的关系的重要模型之一。 2. 经历由具体实例建立不等式模型的过程，进一步发展符号感。 教学重点：用不等关系解决实际问题。 教学难点：正确理解题意并列出不等式。	知道本节课学习的内容与要求，注重学习的过程。
自主学习 1. 记得小时候玩过的跷跷板吗？你知道它的工作原理吗？其实，跷跷板就是靠不断改变两端的重量对比来工作的。 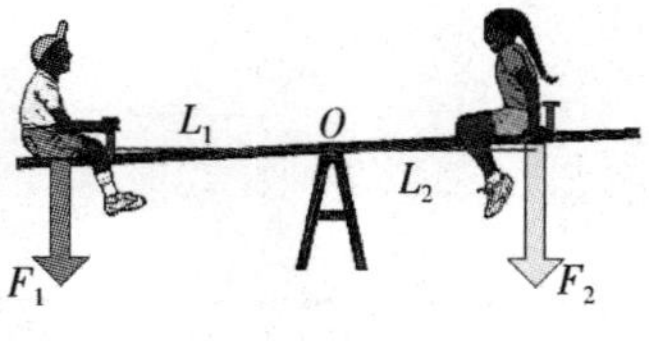	学会自主学习，学会独立思考，学会体验生活，学会分析问题。

（续表）

<table>
<tr><th>教学过程</th><th>方法与要求</th></tr>
<tr><td>2. 我们的祖先早就懂得了跷跷板的工作原理，还根据这一原理设计出了一些简单的机械，并把它们运用到了生活中。
 </td><td></td></tr>
<tr><td>合作学习
一、体会量与量之间的不等关系
1. 如下图，天平右盘中的每个砝码的质量都是1g，你能通过下图写出药品A的质量范围吗？
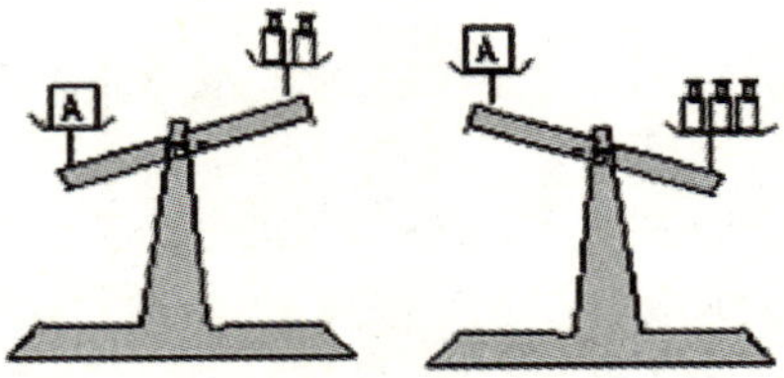

2. “○”“□”“△”分别表示三种不同的物体，用天平比较它们的质量大小，两次情况如下图所示。那么，“○”“□”“△”物体的质量从小到大的顺序为________。
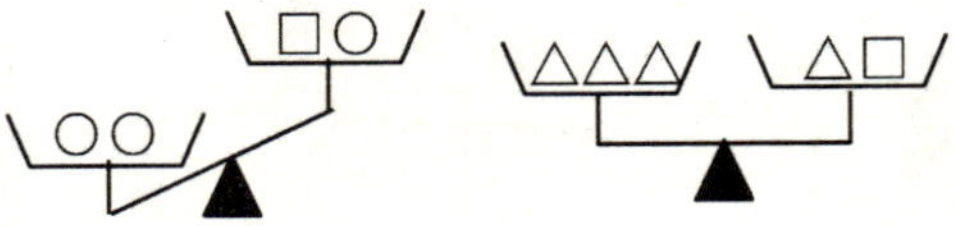</td><td>学会合作学习，学会交流与沟通，学会解决问题。</td></tr>
</table>

（续表）

教学过程	方法与要求
二、发展符号感 如下图，正方形的边长和圆的直径均为 $a$cm。 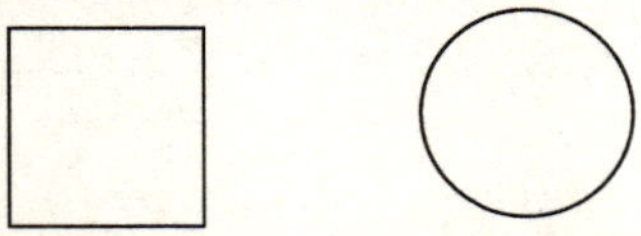 （1）如果要求正方形的周长不大于 25cm，那么边长 a 应满足怎样的关系式？ （2）如果要求圆的周长不小于 100cm，那么圆的直径 a 应满足怎样的关系式？ （3）当 $a=8$cm 时，正方形和圆形的周长哪个长？当 $a=12$cm 时呢？你能得到什么猜想？改变 a 的值再试一试。	学会倾听，学会提出问题，学会用自己的语言描述问题的结论。
知识归纳 1.“不小于”指的是“等于或大于”，通常用符号“≥”表示，读作：大于或等于；“不大于”指的是________，通常用符号________表示，读作：________。 2. 一般地，用符号“<”（或“≤”），“>”（或“≥”）连接的式子叫作不等式。	巩固所学知识。
解决问题 1. 用“<”或“>”填空。 -7 ________ -5　　　$\|-0.5\|$ ________ $\|-1000\|$ 6×3 ________ 4×3　　　$6\times(-3)$ ________ $4\times(-3)$ 2. 用适当的符号表示下列关系。 （1）a 是负数。　　（2）a 是非负数。 （3）a 与 b 的和小于 5。　　（4）x 与 2 的差大于 -1。 （5）x 的 4 倍不大于 7。　　（6）7 的一半不小于 3。 3. 用不等式表示下列关系。 （1）x 与 17 的和比 x 的 5 倍小。 （2）x 的 3 倍与 8 的和比 x 的 5 倍大。 （3）地球上，海洋面积 S_1 大于陆地面积 S_2。 （4）铅球的质量 M_1 比篮球的质量 M_2 大。 4. 通过测量一棵树的树围（树干的周长）可以计算出树龄，通常规定以树干离地面 1.5m 的地方作为测量部位。某树栽种时的树围为 5cm，之后该树树围每年增加约 3cm。这棵树至少生长多少年树围才能超过 2.4m？	学会运用知识解决问题，学会自测学习效果。

（续表）

教学过程	方法与要求
归纳总结 谈收获：________________________________。 谈感受：________________________________。	感受过程，体验成功。
学习评价 自我评价：________________________________。 组内评价：________________________________。 组间评价：________________________________。	

初始阶段所使用的学业纸包括明确目标、自主学习、合作学习、知识归纳、解决问题、归纳总结、学习评价几部分内容。

特点：将传统的教案进行整改，注重学习情境的创设，采取板块式备课模式，使得教学过程比较有条理。

存在的问题：教学思路不开阔，依然是以“师生围绕题目转，学生围绕教师转”的教学思想为行动指导，学生的学习活动受到限制，不利于学生综合能力的提高。

2. 发展阶段学业纸的特点及存在的问题

发展阶段的学业纸分为两种：一种是改革学生学习方式的学业纸，另一种是尝试学生自学和课堂教学相结合模式的学业纸。

（1）改革学生学习方式的学业纸

改革学生学习方式的学业纸

——以“相似多边形”学业纸为例

主备教师：张勇　　审核人：冯伟、徐衍辉、游莉莉　　审批人：姜忠杰

学生姓名：______　　班级：______　　小组：______　　使用时间：______

教学过程	目的与要求
明确目标 1. 理解相似多边形的定义，了解相似多边形的相似比。 2. 通过测量、比较，了解相似多边形的特点，提高探索问题的能力。 3. 通过合作学习，培养沟通、交流能力。	明确学习目标。
前置备学 1. 相似三角形的定义。 2. 如图，$\triangle ABC \backsim \triangle A'B'C'$，相似比为 k，写出对应边的比例式。 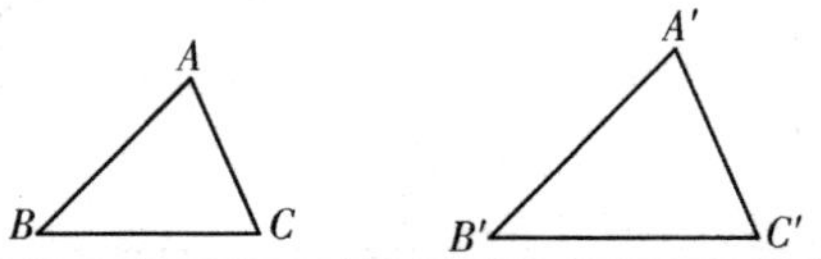	温故而知新。

（续表）

教学过程	目的与要求
合作学习 一、分工协作，探求真知 1. 两人分工合作，分别测量下面两个四边形的角和边，并进行比较。(角度精确到 1°，边长精确到 0.1cm)  2. 组内同学对以上测量和比较的结果进行交流。 角的测量结果：∠A=________，∠B=________，∠C=________，∠D=________，∠A′=________，∠B′=________，∠C′=________，∠D′=________。 结论 1：角的关系是________________。 边的测量结果：AB=________，BC=________，CD=________，DA=________，A′B′=________，B′C′=________，C′D′=________，D′A′=________。 结论 2：边的关系是________________。 二、交流认识，归纳总结 1. 相似多边形是指____________________________。 2. 相似多边形的相似比是指____________________________。 三、提出问题，启迪智慧 我不明白的问题：____________________________。 我想提出的问题：____________________________。 四、反思过程，感受合作 ________同学帮助了我，我很感激他。我帮助了________同学，我很高兴。	学会独立思考，学会抓问题的关键。 学会总结，学会合作与交流； 学会借鉴他人充实自己。 学会反思，学会创新。
解决问题 一、问题辨析，巩固新知（组内探讨，课上回答） 1. 所有的正方形是否都相似？为什么？ 2. 所有的矩形是否都相似？为什么？ 3. 所有的菱形是否都相似？为什么？ 二、运用新知，解决问题（独立思考，小组交流） 1. 完成教材中的"做一做"。 2. 完成随堂练习。	集体交流，思维碰撞。

(续表)

教学过程	目的与要求
课堂总结 学到的知识和方法：____________。 对小组合作学习的感受：____________。	梳理知识，形成知识体系。
效果评价 我对组内同学合作学习的态度和效果的评价：____________。 我对其他小组合作学习的态度和效果的评价：____________。	在评价中提升能力。

该种学业纸包括明确目标、前置备学、合作学习、解决问题、课堂总结、效果评价几部分内容。

特点：突出学生解决问题的方式方法，注重学生的学习过程和感受，使学生能够动起来，以"行为活动"带动"思维活动"。采取板块式备课模式，操作性较强，使得教学过程比较有条理。

存在的问题：教学思路依然是围绕题目转，"解决问题"是主要的教学指导思想，学生的学习活动受要解决的问题的限制，不利于学生思维能力和拓展能力的提高。

（2）尝试学生自学和课堂教学相结合模式的学业纸

尝试学生自学和课堂教学相结合模式的学业纸

——以"二次根式"（第一部分）学业纸为例

主备教师：申万鲁　审核人：吴继宁、范维倩、李锐　审批人：______

学生姓名：______　班级：______　小组：______　使用时间：______

教学过程	目的与要求
使用说明 本页是学业纸的第一部分，用于课前预习。 组长要对组内成员本次学业纸的完成情况做好评价。 评价结果：［优秀 A］　［一般 B］　［较差 C］	
前置备学 一、回顾旧知，温故知新 1. 若 $x^2=25$，则 x 叫作 25 的______，x 的值是______。 2. 5 的平方根表示为______，10 的算术平方根表示为______。 3. 正数 a 的平方根表示为______，算术平方根表示为______。 二、独立思考，完成问题 1. 若矩形的长和宽分别为 a、b，则矩形的周长表示为______，矩形的面积表示为______。	温故而知新。 学会思考。

（续表）

教学过程	目的与要求
2. 若矩形的长为 a，面积为 S，则矩形的宽表示为________。 3. 若矩形的长和宽分别为 a 和 b，则矩形的对角线表示为________。 4. 若正方形的面积为 S，则正方形的边长表示为________。 三、分析特点，提高认识 1. 分析上面四个问题的表示结果，你能说出它们的特点吗？ 2. 你能根据上面这五个表示结果的特点将这五个代数式进行分类吗？	学会深层分析。

尝试学生自学和课堂教学相结合模式的学业纸

——以“二次根式”（第二部分）学业纸为例

主备教师：申万鲁　　审核人：吴继宁、范维倩、李锐　　审批人：________

学生姓名：________　　班级：________　　小组：________　　使用时间：______

教学过程	目的与要求
使用说明 本页是学业纸的第二部分，用于课上学习。 组长要对组内成员本次学业纸的课上使用情况做好记录与评价。 评价结果：［优秀 A］　［一般 B］　［较差 C］	
明确目标 1. 结合实际问题理解二次根式的意义，知道二次根式与其他代数式的区别。 2. 理解二次根式的两条性质：“$\sqrt{a}\geqslant 0$（$a\geqslant 0$）”和“$(\sqrt{a})^2=a$（$a\geqslant 0$）” 3. 通过合作学习，培养沟通能力和交流能力。	明确学习目标。
合作学习 一、知识展示，交流提高 1. 用课件展示前置备学部分第一题与第二题的正确结果。 2. 交流前置备学部分第三题。 （1）四个问题的表示结果的特点：________________。 （2）对这五个表示结果的代数式进行分类：________________。 二、总结发现，知识升华 1. 二次根式的定义：________________。 定义分析：二次根式定义的两大突出特点：(1) ________；(2) ________。 2. 二次根式的性质：________________。 三、提出问题，启迪智慧 我不明白的问题：________________。 我想提出的问题：________________。	学会矫正错误，学会交流与借鉴。 学会探讨与合作。 学会互相帮助。

(续表)

<table>
<tr><th>教学过程</th><th>目的与要求</th></tr>
<tr><td>解决问题
一、问题辨析，巩固新知
1. a 是怎样的实数时，下列二次根式有意义？
$\sqrt{a+2}$ $\sqrt{3-2a}$
2. 下列式子都是二次根式吗？
$\sqrt{a}$ $\sqrt{-a}$ $\sqrt{a^2}$ $\sqrt{a^2-1}$
3. 计算。
(1) $(\sqrt{3m})^2$ $(m>0)$
(2) $(3\sqrt{2})^2$
(3) $(-2\sqrt{\frac{2}{3}})^2$
(4) $(\sqrt{a-b})^2$ $(a-b\geqslant 0)$
二、灵活运用，提高能力
已知：$|x+2|+\sqrt{y-3}=0$，求 x^y 的值。</td><td>学会独立思考，学会抓问题的关键。</td></tr>
<tr><td>三、我的问题，你来解决
1. 同组内两位同学互相出一道与本节课内容相关的题目，请对方给出正确答案。
2. 不同组之间互相出一道与本节课内容相关的题目，请对方给出正确答案。
四、反思过程，感受合作
________同学帮助了我，我很感激他。我帮助了________同学，我很高兴。</td><td>学会借鉴他人，充实自己。</td></tr>
<tr><td>课堂总结
学到的知识和方法：____________________。
对小组合作学习的感受：____________________。</td><td>学会总结。</td></tr>
<tr><td>效果评价
我对组内同学合作学习的态度和效果的评价：____________________。
我对其他小组合作学习的态度和效果的评价：____________________。</td><td>学会评价。</td></tr>
</table>

该种学业纸包括使用说明、前置备学、明确目标、合作学习、解决问题、课堂总结、效果评价几部分内容。

特点：突出学生课前预习的重要性，培养学生独立学习的能力，注重培养学生解决问题的思路和方法，注重学生在课堂学习中的交流和感受；学生能做到有备而问，对课堂上要解决的问题有一定的理解，教学活动因学生的大量参与而显得充实、有活力。

存在的问题：教学思路依然是围绕题目转，和之前的学业纸所不同的是学生先接触到要学习的内容以及要解决的问题。但是，其立足点并不是培养学生的思维能力，而是让学生解决问题，因此学生的思维活动会受到影响。

3. 整合阶段的学业纸特点

整合阶段的学业纸是以知识的学习为载体，立足于对学生思维能力的培养。下面以“等腰三角形”的学业纸为例来介绍整合阶段的学业纸。

以知识的学习为载体，立足于对学生思维能力的培养的学业纸

——以“等腰三角形”（第1课时）学业纸为例

主备教师：申万鲁　教研组：______　审批人：______　使用时间：______

学生姓名：______　班　级：______　小　组：______

教学环节	问题解决与活动方法	目标及要求
思维导引	通过折叠准备好的等腰三角形，思考、解决下列问题。 （1）如何折叠可以让等腰三角形的两部分重合？ （2）展开折叠的等腰三角形并画出它的平面图形。 （3）分析画出的图形，探讨等腰三角形的性质。	1. 回顾有关轴对称的知识。 2. 经历“探索一发现”的过程，导引等腰三角形的性质。
思维碰撞	1. 交流发现的等腰三角形的性质。（方法：一学生叙述，其他学生补充） 2. 讨论解决下面的问题。 （1）折叠后，等腰三角形的两部分重合了说明等腰三角形的边、角有怎样的关系？ （2）折痕有什么特点？折痕是否是等腰三角形的对称轴？ 3. 用不同的方法证明等腰三角形的性质。（课堂展示交流） 4. 用自己的语言描述证明等腰三角形性质的基本思路和方法。	1. 进一步理解、掌握等腰三角形的性质。 2. 提高语言表达能力和证明问题的能力。

（续表）

教学预设	问题解决与活动方法	目标及要求
思维迁移	解决下面的问题。 1. 完成教材中的随堂练习 2。(直接在书上做) 2. 证明：有两个角相等的三角形是等腰三角形。(目的：理解"证明"的基本步骤) 已知： 求证： 证明： 题意小结： (1) 辅助线的作法及作用：________________。 (2) 命题的作用：____。	
思维导图	包括等腰三角形的性质、等腰三角形的判定、本节课探讨问题的方法。	
质疑发现	1. 我不明白的问题：______________________________。 2. 我新发现的问题：______________________________。	
感受评价	1. ________同学帮助了我，我很感激他；我帮助了________同学，我很高兴。 2. 我们小组在合作学习中表现很优秀的同学是________。 3. 在小组展示中表现最好的小组是________________。	

该种学业纸是前面几种学业纸的整合，由思维导引、思维碰撞、思维迁移、思维导图、质疑发现、感受评价六部分内容组成，和前面几种学业纸最大的区别是教学活动的立足点不同，它突出了学生思维活动的重要性，注重对学生独立学习能力、思维能力的培养，是我们现在正在使用的学业纸样式。

"思维导引"部分看似与原来的"前置备学"类似，其实不同，它的目的性更强，更切合学生的认知，更贴近新知识的学习。在这部分中，设计的问题起点要低，要立足解决问题的基本思想和基本方法，为学生学习本节课知识找到启迪思维的切入点。这部分内容旨在给学生打开一扇学习新知识的大门，可用于学生的课前预习，也可用于课堂导入。

"思维碰撞"部分看似与以往的"解决问题"类似，其实与单纯的解决问题大不相同。这里所设计的问题，学生不能简单地以“是”或“不是”、“能”或“不能”回答，问题以学习、运用知识为载体，以培养学生的思维能力为目标，立足于对学生思维能力、综合能力的培养，具有“点火”的作用，既有层次性，又有挑战性，注重解决问题的思路、方法以及知识的相互联系和拓展，注重学生理解上的“异中求同，同中寻异”。

“思维迁移”部分是对“思维碰撞”环节的延伸和拓展。这部分中设计的题目或提出的问题应符合学生的认知规律和思维习惯，应具有相互联系、逐步提升的特点。一方面，让中等生和学优生在独立学习或交流学习的过程中，达到从点的思维到面的思维的过渡；另一方面，让学困生从对本节课内容的思考迁移到对其他相关内容的思考上，达到巩固所学内容的作用。

“思维导图”部分是以图表的形式呈现知识的结构，引导学生再现思维过程，提高学生的思维能力。

“质疑发现”部分重在质疑，贵在发现。教师可以设计具有探讨性的问题，也可以就本节课的学习内容有目的地提出容易让学生误解的问题，加深学生对所学知识的理解，提高学生的思维能力。切忌空设栏目，或用漫无目的、简单的一句话让学生去质疑发现，这都是没有意义的。

“感受评价”部分，感受是学生思维的流露，也是个体内的思维碰撞，评价则是自己对他人的表现的判断、思考和表达。

学业纸演变到这个阶段是我校课堂改造不断深化的必然结果，就学业纸的编写和应用我有以下几点想法。

①一份符合“思维碰撞”课堂教学要求的学业纸不是随意就可以设计出来的，因此大家的团结协作、探讨互补很重要。②设计的学业纸必须符合每节课知识的学习要求和课标要求，随意地拔高、不切实际地生搬硬套既会耽误学生，也会耽误自己。③现在的学业纸设计要求，既给我们指明了方向，又给我们提出了较高的目标。因此，扎实的基本功很重要，不切实际的盲目追求，往往欲速则不达。

四、行之有效的教学反思

教学反思被认为是教师专业发展和自我成长的核心因素。美国学者波斯纳认为，没有反思的经验是狭隘的经验，至多只能形成肤浅的认识。只有经过反思，教师的经验方能上升到一定的高度，并对后续教学行为产生影响。他提出了教师成长公式：经验＋反思＝成长。那么，我们该如何进行教学反思，提高教学水平呢？

1. 自我提问

自我提问是指教师对自己的教学进行自我观察、自我监控、自我调节、自我评价后提出一系列问题，以促进自身反思能力的提高。教学后，教师可以这样自我提问：“我的教学是有效的吗?”“教学中是否出现了令自己惊喜的亮点？这个亮点产生的原因是什么?”“哪些方面还可以进一步改进?”“我从中学会了什么?”

2. 教学诊断

课堂教学是一门遗憾的艺术，而科学、有效的教学诊断可以帮助教师减少遗憾。教师不妨从教学问题的研究入手，挖掘隐藏在其背后的教学理念方面的种种问题。教师可以通过自我反省与小组“头脑风暴”，收集各种教学“病历”，然后归类分析，找出典型“病历”，并对其进行分析，最后提出解决问题的方法。

3. 对话交流

教师间充分的对话交流，无论对群体的发展还是对个体的成长都是十分有益的。如一位教师在教学“平均分”时，设计了一些学生熟悉的生活情境：分桃子、分鱼、分饼干、分苹果等。在教学后的评课中有教师提出，仅仅围绕“吃”展开教学似乎有些局限，事实上，在生活中还有很多东西能进行分配，可以适当扩展教学设计面。这样开放性的讨论能够促进教师更有效地进行反思。

4. 案例研究

教师要通过阅读、课堂观察、调查和访谈等收集典型的教学案例，然后对其进行多角度、全方位的解读。教师既可以对案例中执教教师的课堂教学行为做出分析，也可以围绕案例中体现的教学策略、教学理念进行研讨，还可以就其中涉及的教学理论进行阐释。通过对典型案例的剖析以及对照案例检查自身的教学行为，教师可以认识到自己教学的优点与不足，进而发扬优点，弥补不足。

5. 观摩分析

“它山之石，可以攻玉。”教师应多观摩其他教师的课，并与他们进行对话交流。在观摩中，教师要分析其他教师是怎样组织课堂教学的，他们为什么这样组织课堂教学；自己上这一课时，是如何组织课堂教学的；自己的课堂教学环节和教学效果与他们的相比，有什么不同与相同之处；从他们的教学中自己受到了哪些启发……通过这样的反思分析，教师能从他人的教学中得到启发，得到教益。

6. 总结记录

一节课结束或一天的教学任务完成后，教师要静下心来想一想：这节课的教学环节是否合理？讲授内容是否清晰？教学手段的运用是否恰当？重点、难点是否突出？今天我有哪些地方做得还不够好，需要调整、改进？学生的积极性是否被调动起来了？学生学得是否愉快？我教得是否愉快？学生还有什么困惑？把这些想清楚后，总结一下，然后记录下来，这样就为今后的教学提供了可供借鉴的经验。经过长期积累，必将获得一笔宝贵的教学财富。

“经典演绎，激情碰撞”，我们正行走在课堂改造的大路上，只要我们持之以恒地走下去，我们的“思维碰撞”课堂定能走向成功。

第五节　初中英语课堂

一、初中英语学科的特点

与其他学科相比，英语是一门比较特殊的学科。和数理化不同，它属于语言教育；与同属于语言教育的语文学科相比，它们有共同点，也有不同点。总的来说，初中英语学科具有以下几个特点。

1. 新异性

英语与我们所熟悉的汉语之间有很大差异，而它们所承载的文化之间的差异更大，这使英语具有很大的新异性。从语言本身来说，英语属于印欧语系，汉语属于汉藏语系。这两种语言在发音、语调、语法、词汇、表达方式等方面有很大差异，如英语的动词有时态的变化，而汉语的动词则没有。

2. 应用性

作为国际上通用的语言之一，英语具有鲜明的应用性。英语是交际工具，掌握了英语就多了一条交流思想、获取信息的途径。目前，英语的使用越来越广泛，很多知识、信息都是以英语为载体进行传播的，尤其是对于应用广泛的电脑技术，不会英语的话，永远只能是“门外汉”。

3. 人文性

英语是一门语言，但我们在学习英语的过程中所学到的又不仅仅是语言。英语的语音、词汇、短语、句型，无一不具有人文内涵，课文的内容更是包罗万象，无所不有。从英语的学习中，我们可以了解到异国的风土人情、风俗习惯、历史、文化、地理、社会生活、政治、经济、教育、科技等，进而认识到世界文化的多元与丰富多彩。

二、初中英语学科的学习目的

初中阶段的英语学习，主要有两个目的，即掌握一定的英语基础知识和培养一定的英语语言技能。

1. 掌握英语基础知识

掌握英语基础知识包括掌握必要的语音知识、一定数量的词汇，了解其词性并掌握词性的特点，了解并能熟练运用语法规则，熟悉英语的基本句型，掌握一定的交际语和惯用语，等等。

2. 培养英语语言技能

学习英语的根本目的是为了能够使用，使用英语必须具备的基本能力是口语表达能力、听力理解能力、阅读理解能力、写作能力以及用英语进行交际的能力。这些能力是学习英语的目的，同时也是学习英语的手段。

三、初中英语学科的教学设计

初中英语学科的教学设计主要分为以下几个部分。

1. 思维导引

（1）教师设计或教师引导学生自行设计思维导图。把每个单元的知识框架画成各种形式的思维导图，以引导学生自主地去预习、总结、复习，取得事半功倍的效果。

（2）引导学生自主了解与本单元内容相关的文化背景知识，自主解决基本的单词、短语等。

（3）让学生通过小组合作突破教学重难点，解决不了的问题由组长汇总交给老师，课上师生合作解决。

2. 思维碰撞

设计情境，把语言学习纳入真正的语境中，以使学生通过小组合作，能以对话、短剧等形式展示所学内容，充分调动学生的学习兴趣。

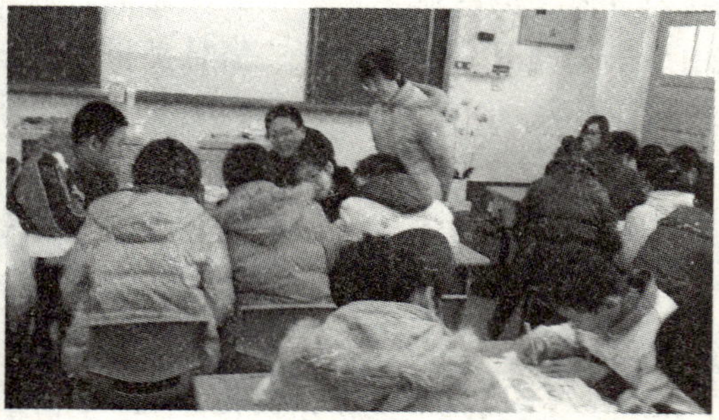

3. 思维迁移

结合教学内容，设计和学生生活息息相关的任务，让学生用英语去解决问题，真正做到让英语从课本走向生活，从课内走向课外。例如，学习有关描述外貌的内容后，让学生设计“网上通缉令”；学习一般将来时后，让学生描述我们未来的生活；学习有关购物的内容后，让学生模拟购物等。

四、初中英语课堂上的小组文化建设和评价

小组人员分工

人员	组长	副组长（检察员）	记录员	汇报员
分工细则	1. 全权负责小组工作。 2. 检查小组成员的作业完成情况，组织小组讨论、学习。 3. 收取____作业。 4. 负责其他临时性工作。	1. 负责发言人的提名。 2. 均衡组内成员发言及板书的机会。 3. 收取____作业。 4. 收发材料。 5. 检查组员的桌面、桌内及个人卫生。	1. 积极配合组长及副组长顺利完成学习任务。 2. 记录小组成员的得分情况，并汇报给班级负责人。 3. 收取____作业。 4. 检查小组成员的桌椅摆放情况。	1. 积极配合组长及副组长顺利完成学习任务。 2. 每日汇总小组成员的学习、交流情况，并在全班进行汇报。 3. 收取其他作业。

注：各负责人负责收取的作业类型由各小组商讨决定。

关于评价，各小组选出课堂观察员，负责根据评价标准记录课堂上小组成员的表现，并在下课前对本小组成员做出评价，上交给老师。

《义务教育英语课程标准（2011 年版）》反映了现代英语教育鲜明的时代感和使命感，它在设计思路、课程目标、评价方式等方面都体现出新的教育理念，并从各个层面指明了初中英语教育改革的方向。它要求教师从角色定位、教育观念、教学方式等方面做出相应的调整，进而改变学生的学习方式和思维方式，培养学生的创新精神和实践能力。

基于这种新的课程理念，我们的初中英语课堂改造对教学过程进行了重新审视与定位，因为英语教学过程是教与学的主要环节，教学过程中的师生关系是一种特殊的“人—人”关系，师生是一个为实现教学目标而合作的学习共同体。随着课堂改造活动的推进，小组合作学习已被广泛地应用于我们的英语课堂。

七年级英语复习（Unit 1—Unit 4）学业纸

主备教师：Liu Yanmei　　审核人：ShangLei　　批印人：王昕

学生姓名：________　班级：________　小组：________　使用时间：________

<table>
<tr><th>教学设计</th><th>问题与任务</th><th>活动与方法</th></tr>
<tr><td>思维导引</td><td>1. 准确掌握 26 个英文字母的大小写、所占四线三格的位置、发音以及发音归类。掌握 5 个元音字母在单词中的发音分类。
2. 熟练掌握 4 个单元的重点单词，背熟并会默写。</td><td>按照要求完成前置学习，然后组内交流、检查，巩固基础知识。</td></tr>
<tr><td>思维碰撞</td><td>一、重温字母，走进精灵
1. 按顺序默写 26 个英文字母的大小写。

2. 在以上字母中，有 5 个叫作________，请写出：________。
3. 字母的发音归类。
<table>
<tr><td>Aa</td><td></td></tr>
<tr><td></td><td>Bb</td></tr>
<tr><td>Ii</td><td></td></tr>
<tr><td>Oo</td><td></td></tr>
<tr><td>Uu</td><td></td></tr>
<tr><td></td><td>Ff</td></tr>
<tr><td></td><td>Rr</td></tr>
</table>
4. 元音字母在单词中常见发音分类（写出音标）以及代表单词。
A{　　E{　　I{
O{　　U{
5. 你认为这 5 个元音字母特殊在哪里？试举例说明。

你对此知识点还有什么疑问？出个题目，考考你的同伴吧！

二、问候用语知多少

____
我的补充：____________________________。</td><td>学生先独立完成，再小组交流。</td></tr>
</table>

（续表）

教学设计	问题与任务	活动与方法
思维碰撞	三、头脑风暴，说出我身边的物品 ____ 你能运用所学句型，向同伴介绍以上物品吗？ A：What's⋯　　　　B：It's⋯ A：⋯　　　　　　　B：⋯ 运用此句型时，我们应该注意什么？ 你还有补充吗？ 四、五颜六色 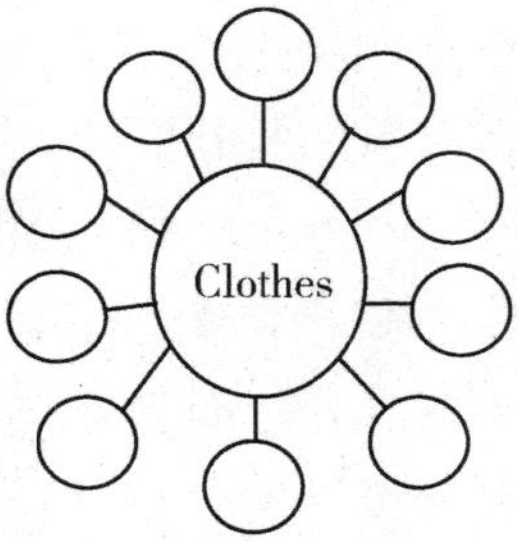 我的补充：____________________________。	先个人回顾知识点，然后组长组织组员依次交流补充。
思维迁移	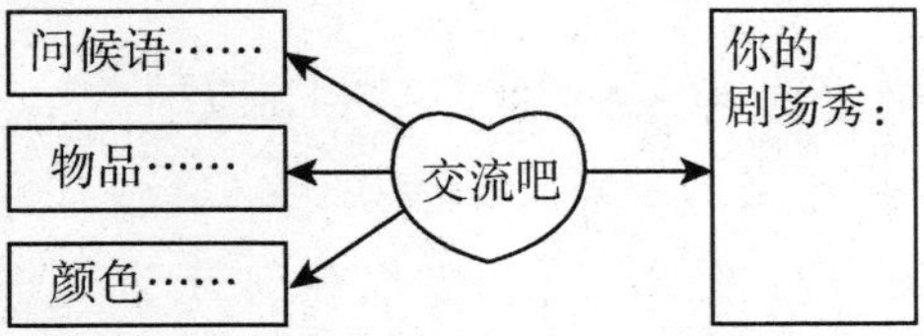	运用所学知识设置情景对话。

从学业纸的设计来看，图表较多，说明学生的学习空间变大了，这就意味着留给学生发挥的空间大了，这样能激发学生的思维，调动学生学习的主动性、积极性，培养学生各方面的能力。

第六节　初中历史课堂

在我校“思维碰撞”课堂的构建过程中，初中历史教研组积极改革，稳步推进，以“依托学业纸的设计培养学生的历史学科能力，依托‘思维碰撞’课堂培养学生的历史思维品质”为目标开始了对初中历史课堂的改造。初中历史教研组将学业纸设置为思维导引、思维迁移、思维碰撞、思维导图四大部分。“思维导引”部分在于引导学生自主学习，让学生真正成为学习的主体，积极主动地参与教学活动，并充分利用小组合作，培养学生的自学能力和交往能力。“思维迁移”部分旨在通过精选习题，使学生达到巩固训练、深化认识的目的。“思维碰撞”部分是教师通过预设问题，为学生营造一个宽广的思维空间，以激活历史课堂，生动展现学生求异思维的火花，表现学生的分析能力，展现学生的思维潜力。“思维导图”部分是让学生画出所学知识的结构图，帮助学生开发智力，强化思维，提高学生的记忆能力和整合能力。首先，学生结合教学内容完成“思维导引”部分，小组内合作进行矫正并推选代表展示答案；接着，学生根据“思维碰撞”部分设计的各项活动来锻炼自己的历史思维能力；然后，学生根据提示，整合本节课所学的内容，完成“思维导图”部分；最后，学生进行“思维迁移”部分的巩固训练。下面具体阐述一下关于学业纸和思维碰撞活动的设计。

一、依托学业纸的设计培养学生的历史学科能力

初中历史学科学业纸的设计遵循以培养学生的历史学科能力为目标的原则。学业纸以备课组为单位进行设计，备课组提前召开学业纸编写会议，根据教学内容确定主备教师，主备教师编写好每课的学业纸后，提前一周将初稿发到公共邮箱，备课组内的所有教师必须及时登录邮箱对初稿进行研究，提出意见和建议；主备教师根据大家的意见和建议对学业纸进行修改，最后交给教研组组长审核，送至教务处签字印刷。

八年级历史"内战烽火"学业纸

主备教师：徐西伟　　教研组：________　　使用时间：______
学生姓名：________　　班　级：________　　____组____号

教学环节	问题与活动	规则与评价
思维导引	一、重庆谈判 1. 抗日战争胜利后，全国人民渴望______、______。以______为首的国民党，在______（国名）的支持下，阴谋发动反共反人民的内战。 2. ______年8月，______在周恩来等人的陪同下，到达重庆，同国民党进行谈判，双方达成和平建国的"________"。 3. 蒋介石邀请毛泽东的目的是__________________。 4. 毛泽东去重庆谈判的主要目的是__________________。 二、转战陕北 1. ______年6月，蒋介石撕毁"双十协定"，对__________解放区发动疯狂进攻，全面内战爆发。 2.1947年3月，国民党军队进攻__________解放区时，______和______指挥解放战争。______和______率领西北人民解放军，采用"蘑菇"战术，粉碎了敌人的进攻。 三、挺进大别山 ______年夏，______和______率领______解放军主力在________强渡黄河，挺进大别山，开辟了__________，严重地威胁了国民党统治中心______和湖北重镇______。	按照"独立学习—组内互批—改错巩固"的程序来完成。
思维碰撞	1. 蒋介石为什么三次电邀毛泽东赴重庆谈判？ 2. 毛泽东要不要赴重庆谈判？请你出谋划策，并说明理由。 3. 结合教材内容，说说从1946年到1947年中国共产党的作战方针有了怎样的变化？为什么？	要做到发言有序，给全员参与的小组奖励1张榜样卡。（相当于5分） 发言有理有据，能自圆其说，加3分；补充发言，加4分；乐于尝试，加3分；感情充沛，配合默契，加5分。

（续表）

教学环节	问题与活动	规则与评价
思维迁移	阅读下列材料： 材料一“大战（指抗日战争）方告结束，内争不容再有……甚有赖于先生之惠然一行，共定大计……” ——蒋介石再次邀请毛泽东的电报 材料二“若不速予剿除（共产党），不仅八年抗战前功尽失，自必贻害无穷……” ——1945 年 10 月 13 日蒋介石给何应钦的密电 根据材料回答下面的问题。 1. 蒋介石邀请毛泽东赴重庆谈判的目的是什么？ 2. 蒋介石对中国共产党的政策是什么？ 3. 材料一和材料二有没有矛盾？为什么在同一时期，蒋介石会有两种不同的态度？	能准确展现小组合作成果，观点明确，答案表述准确，加 2 分；观点正确，表达清楚，加 1 分。
思维导图	请将军事较量、内战爆发、重庆谈判、转战陕北、政治较量、挺进大别山等短语按逻辑关系填入下面的表格并说出其内在关系。 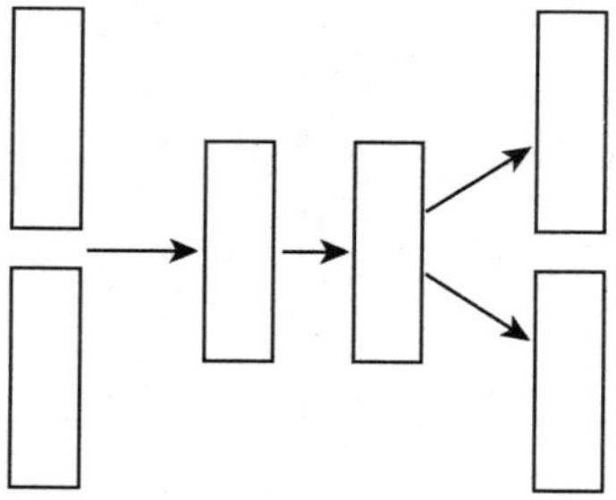	逻辑关系清晰，表达准确，加 2 分；逻辑关系准确，加 1 分；小组合作意识强，加 1 分。

这是我校八年级历史备课组集体设计的“内战烽火”一课的学业纸。那么，学业纸应怎样设计才有助于培养学生以下几种历史学科能力呢？

1. 历史阅读能力

历史学科的阅读要求学生领会教材的篇章结构、大小子目和内在联系，知道这些内容是基本史实。学生通过阅读教材，为后续参与课堂思维活动奠定基础。为此，教师在培养学生的历史阅读能力时，应先介绍阅读方法，要求学生带着问题去阅读，了解每个历史事件的来龙去脉；然后，指出阅读内容中的重点与难点，对于不够明确的概念让学生在小组内合作解决。因此，学业纸设计的第一部分“思维导引”便是让学生自主学习，要求学生独立阅读教材完成本环节任务后，在小组内交流答案，小组内如有无法解决的问题可求助其他小组或老师。在“内战烽火”一课中，学生完成“思维导引”部分的习题后，对教材中的知识有了初步了解，为后面的思维碰撞打下了基础。

2. 历史表达能力

历史学科的表达能力就是用口头或书面形式将阅读与听讲后掌握的历史知识表述出来。我们在学业纸的设计和运用过程中，考虑到学生的实际水平，决定从两个层面来培养学生的历史表达能力。一个层面是浅显的表述，由于采用组间同质、组内异质的方法分组，组内总有过去容易被忽略的学困生，现在“思维导引”部分的内容在小组的共同努力下已圆满完成。接下来就可以让每组的学困生来展示答案，这既锻炼了学困生的表达能力，使其增强了自信心，又加强了历史课堂的凝聚力。一个层面是深刻的表达。教育家乌申斯基指出：“善于提出问题，并能逐渐增加答案的复杂性和难度，这是最主要和极其必要的教学技巧之一。”所以，教师必须精心设计问题与练习，问题和练习必须具有思考性且有一定的思维层次，以引导学生在掌握历史基础知识的基础上进行概念推理，并能理解和表述历史概念。比如，在“内战烽火”一课的学业纸中，设计的两个思维碰撞活动：“毛泽东要不要赴重庆谈判？请你出谋划策，并说明理由。”“结合教材内容，说说从1946年到1947年中国共产党的作战方针有了怎样的变化？为什么？”具有一定的思维空间和层次，既训练了学生的表达能力，又培养了学生的思维能力。

3. 历史归纳能力

归纳整理就是要求学生按类别将分散的历史知识整理成板块。通过整理，学生能从中概括出历史发展的客观规律及其所反映的实质内容。在传统的课堂教学中，教师往往把这一项任务交给学生来完成而不做任何引导，导致学生在归纳表述的时候，多数是对知识的罗列，印象不深，难以形成知识结构。要培养学生的历史归纳能力，必须让学生自己动手、动脑去完成归纳整理的任务，教师要做适当的引导，否则无益于对学生归纳能力的培养。教师可根据整理的需要或列出提纲，或设置思维导图。在新授课的教学中，因为有前面的“思维导引”和“思维碰撞”做铺垫，我们往往采用思维导图的形式帮助学生归纳所学内容、完善知识结构。比如，在“内战烽火”一课的学业纸中，“请将军事较量、内战爆发、重庆谈判、转战陕北、政治较量、挺进大别山等短语按逻辑关系填入下面的表格并说出其内在关系"，这种思维导图的运用是建立在学生对这节课的内容有了深入了解的基础上的，学生在教师的引导下，通过完成图表构建起了本课完整的知识体系。

4. 历史分析运用能力

在培养学生历史学习能力的过程中，要重视对学生历史分析运用能力的培养。分析运用能力是学生诸多能力能否发挥出来的关键。历史学科的分析运用能力可分为三个层次：一是精选有关历史知识，用准确简洁的语言、严谨的逻辑思维解答相关的历史问题；二是正确认识历史现象或历史人物，并能得出正确的结论；三是把已掌握的历史知识与原理迁移到新材料、新情境中去解决新问题。要培养学生的历史分析运用能力，教师需要做到精选精讲典型例题，精选与题目有关的素材，深层次挖掘教材，充分运用新材料创设新情境，加强相关训练。学业纸中"思维迁移"部分的内容设计便是为了培养学生的历史分析运用能力。"蒋介石邀请毛泽东赴重庆谈判的目的是什么?""蒋介石对中国共产党的政策是什么?""材料一和材料二有没有矛盾？为什么在同一时期，蒋介石会有两种不同的态度?"这三个问题的设计就是为了培养学生的历史分析运用能力。当然，对分析运用能力的培养并非一日之功，需要把它渗透到日常教学活动中，注重习题的精选和方法的指导。

历史学习能力的培养是提高学生人文素养的重要途径，也是实现中学历史教育目标的重要手段。这就要求教师要结合学生实际，探寻新途径，寻找适合学生思维发展的新方法。而学业纸的设计为学生的思维碰撞打开了大门，为培养学生的历史思维品质奠定了基础。

二、依托"思维碰撞"课堂培养学生的历史思维品质

教师如何结合学生实际，设计符合学生水平的思维活动，并灵活驾驭课堂发展学生的历史思维品质呢？首先请大家看采用不同教学方法进行的"祖国境内的远古居民"的教学。

以知识为中心的课堂

【知识梳理】

一、元谋人

1. 时间：距今约 170 万年。

2. 发现地点：云南省元谋县。

3. 地位：元谋人是我国境内已知的最早人类。

4. 会不会制造工具，是人和动物的根本区别。

二、北京人

1. 时间：距今约70万年至20万年。

2. 发现地点：北京周口店龙骨山山洞里。

3. 地位：① 使用工具——打制石器；② 已经会使用天然火，这是人类进化过程中的一大进步；③ 生活方式——群居。

三、山顶洞人

1. 时间：距今约3万年。

2. 发现地点：北京周口店龙骨山顶部的洞穴里。

3. 他们的模样和现代人基本相同。

4. 使用打制石器，已经掌握磨光和钻孔技术，会制造骨针。

5. 会人工取火。

6. 生活方式——"氏族公社""氏族"——按血缘关系结合起来。

【自我检测】

1. 元谋人生活在距今约__________；发现地点：__________；地位：________________；人和动物的根本区别是__________。

2. 北京人生活在距今约________；发现地点：________；使用的工具是________；已经会使用________火，这是人类进化过程中的一大进步；生活方式是________。

3. 山顶洞人生活在距今约________；发现地点：________；他们使用________石器，已经懂得__________，会制造________，取火方式是________；生活方式是____________。

传统课堂以知识为中心，以应试为目的，重在知识传授和达标训练，即所谓的讲练结合。教师"一支粉笔一张嘴，从头开始说到尾"，学生"瞪大眼睛认真听，完全背过才放松"。课堂呆板、枯燥、单调，学生的创新思维无从谈起。

以学生为中心的课堂

一、简要导入，分配任务

A、D组为"元谋人组"，陈述有关元谋人的历史信息。

B、E组为"北京人组"，演出"北京人的一天"。

C、F组为"山顶洞人组"，编演有关山顶洞人的顺口溜。

其他组自主设计活动，展示山顶洞人的生活与北京人的生活相比有哪些进步。

二、小组讨论，合作展示

1. 自主学习，准备展示。

2. 按序展示，评价表现。

3. 练习巩固，上台板演。

三、归纳总结，简要评价

1. 教师讲述元谋人、北京人、山顶洞人的不同，强调知识点。

2. 师生点评本节课各小组的表现并打分。

这是一节典型的展示课。学生分组准备和展示，活动有情景剧、顺口溜、交流、评价反馈……课堂十分热闹，学生积极互动、参与，教师讲授时间未超过 10 分钟。学生的创新能力、语言表达能力和胆量都得到了提升。但学生表达的只是基本信息和教材中的知识，真正的思维成果较少，教师的启发、引领作用较弱，教育教学价值未能充分展现。

"思维碰撞"课堂

一、问题设计

1. 为什么叫元谋人、北京人、山顶洞人而不叫张三、李四、王五？元谋人、北京人、山顶洞人这三种远古居民是否是爷爷、爸爸和孩子三辈呢？

2. 北京人和山顶洞人分别是怎样生产和生活的？有什么不同？

二、活动设计

1. 选定一个小组，让其将北京人和山顶洞人的相关历史信息以表演的形式进行展示，其他学生提出意见或建议，进而说出山顶洞人与北京人相比的进步之处。设评价反馈小组，点评、总结各自负责的小组的表现。

2. 小辩论：这幅《钻木取火》图可信吗？

（出示《钻木取火》图。）

三、知识归纳

小组合作，群策群力，完成下表。

人类名称	距今年代	生活地点	体质特征	生产工具	用火方面	生活组织
元谋人						
北京人						
山顶洞人						

第三个案例是一节常规的"思维碰撞"课，看似普普通通，没有新奇与花哨的活动，但问题与活动设计符合七年级学生的心理特征，能够引发学生的思维冲突，便于学生主动思考，形成自己的思维成果。如针对问题

设计中的第1题，学生会主动阅读教材，寻找答案，同时，学生能够从中发现北京人与山顶洞人的不同命名原因及年代差距。在教学中，教师利用学生在学习活动中生成的问题，组织学生质疑、辩论，并通过完成表格这一任务组织学生进行小组竞赛，使学生实现了知识与能力的协调发展，使学生的批判性思维在学习过程中得到培养，为学生创新素质的形成打下了基础。课堂氛围活而不乱，师生均得到了发展。

以上是崔成林老师在不同时期设计的三个课例，课堂教学的三次变革恰如其分地反映了我校历史"思维碰撞"课堂的特色。

1. *历史思维要有深刻性*

所谓深刻性是要求学生要深入地思考问题，要善于概括，善于抓住本质思考问题。这就要求教师在教学过程中有针对性地设计需要学生进行抽象和概括的问题，为训练和培养学生思维的深刻性创造有利条件。教学时可创设情境，展示史料，并据此向学生提出问题。设计问题时应注意：①史料要隐含历史现象的本质属性和规律。②提出的问题要能使学生进行抽象与概括的思维操作。课例一，学生是被动地接受知识；课例二，是在复制教材知识的基础上融入了学生的展示，学生难以形成深刻的认识；反观课例三中的问题："为什么叫元谋人、北京人、山顶洞人而不叫张三、李四、王五？元谋人、北京人、山顶洞人这三种远古居民是否是爷爷、爸爸和孩子三辈呢?""北京人和山顶洞人分别是怎样生产和生活的？有什么不同?"学生要回答这些问题，就必须在阅读教材的基础上进行深入思考。

2. *历史思维要有批判性*

苏霍姆林斯基说过："在学生的脑力劳动中，摆在第一位的并不是背书，不是记住别人的思想，而是让学生本人进行思考。"从初中生的心理特点来看，他们已不满足教材中关于某些事物的解释，常想进一步了解形成某些现象的原因，对教材中的见解，常常提出疑问或不同的看法，喜欢争辩，好追问，思维的批判性日益增强。培根说过："读史使人明智。"智的起点就是批判，批判的实质就是理性地分析，这里的批判包括两个方面的内容：批是指对历史发展进行客观的揭示，判就是对这些历史现象的看法或观点。课例三中的小辩论"这幅《钻木取火》图可信吗?"就引发了课堂上学生的争辩。我们所学习的历史，应该是"真实"的代名词，它应该像科学知识那样确定、令人敬畏。但实际上，教材中的历史知识是一种静态的知识，教师应还原历史场景，让学生敢于批判、敢于质疑，在批判、质疑中认识真正的历史。

第七节　初中生物课堂

根据学校构建“思维碰撞”课堂的要求，我校初中生物教研组经过研讨，确定了初中生物课堂的改造目标：把生物课堂发展成为“构建知识、启迪思维、提升智慧、完善人格”的生命场，让学生阳光、健康、幸福地学习成长！

一、初中生物“思维碰撞”课堂中的学业纸设计

我校初中生物教研组确定以学业纸来代替教师的教案和学生的教辅材料。学业纸是指导学生开展学习活动的辅助工具。本着“问题引领，合作学习，理性评价”的教学理念，初中生物学业纸拟分为六个部分，即思维导引、思维碰撞、思维导图、思维迁移、学生问题单、达标检测。

1. 思维导引

课堂教学是整个教学工作的中心环节，是提高教学质量的关键所在。思维导引即一堂课的开始，精彩的导课，不仅能激发学生的学习兴趣，而且能让学生把学习当作一种自我需要，自然而然地进入学习新知识的情境。教师可通过问题、实验等思维导引方式导入新课，以吸引学生的注意力，让学生带着强烈的探究欲望进入下一环节的学习。经教学实践发现，富有艺术的思维导引能带来意想不到的教学效果。下面就对我校初中生物教研组在实践中总结的几种思维导引的方式进行简要介绍。

（1）问题型思维导引

① 创设情境，提出问题

根据教学内容、教学目标、教学要求创设问题情境，是培养学生探索精神的关键，因为人的思维不是凭空产生的，必须借助外界环境的某种刺激作用。教师在教学中创设的问题情境，正是引发学生创造性思维活动的重要外部条件。

创设问题情境的方法与手段有很多：利用现代教育技术手段特别是多媒体技术创设问题情境，利用现实生活创设问题情境，利用教材中的素材创设问题情境……教材中“想一想，议一议”“实验”“练习”等栏目中的内容都是设置问题的好素材，教师要善于挖掘与利用。值得注意的是，问题情境必须与教学重点相关，必须以学生探索知识为基本出发点。

例如，一位教师在教学“人体内废物的排出”时，利用多媒体动画展示肾脏的不同结构组成，让学生观察肾小球、肾小囊、肾小管之间有何异

同，并选择“尿是怎样形成的”这一问题情境，引导学生在观察、比较的基础上提出问题，如“入球小动脉与出球小动脉在成分上有什么区别?”“血液与原尿在成分上有何不同?”“为什么正常人每天形成的原尿大约为180升，而形成的尿液却只有约1.5升呢?”“尿液与原尿在成分上有何不同?”“在肾小囊中出现葡萄糖而在尿液中并没有，这说明肾小管有什么作用?”“有人的尿液中含有血细胞和蛋白质，请诊断一下这是怎么回事?”等相互衔接的教学问题。

② 自主探究，思维碰撞

好的导引，可以使学生拨开迷雾，豁然开朗。如果能将好的导引建立在学生自主学习和合作探究的基础之上，便会取得良好的教学效果。

首先，让学生在课前进行预习，了解将要学习的内容。其次，引导学生在课上把学习的知识要点和问题进行汇总，然后在小组内进行合作交流，使学生掌握的知识要点和提出的问题更加清晰。最后，通过小组展示，使学生在思维碰撞的教学环境中激发求知欲。

(2) 实验型思维导引

实验导课既能培养学生的探究精神，又能培养学生的观察能力和动手能力，充分挖掘学生的创新潜能。如学习环节动物相关知识前，教师让学生每人捉几条蚯蚓，上课时让学生观察蚯蚓的形态和运动方式，继而进入本课教学。

根据教学内容、教学目标、学生情况的不同，教师可以灵活采用各种课堂导入方式。

课堂思维导引的关键点在于教师必须深入了解学情，必须立足于学生的知识水平、接受能力和兴趣所在。

① 课堂思维导引过程必须简洁高效，不管采用哪种方式，都要为教学目标和教学重点服务，都要与课程内容紧密相连，同时，不应占用过多的课堂时间，否则会造成课堂教学的本末倒置。

② 课堂思维导引的设计应尽量贴近学生的兴趣点，以期在上课伊始就能激发学生的兴趣，更好地达到课堂导入的目的。

③ 课堂思维导引以调动学生的主观能动性，使其自觉地进行自主学习、合作探究为目的。

课堂思维导引并没有固定的模式，只要能够激发学生的学习兴趣，启迪学生的思维，调动课堂气氛，从而提高课堂学习效率，就是成功的。

2. 思维碰撞

在生物教学中，小组合作、学生提问、学生解答，是引发思维碰撞经常采用的一种方法，其目的是使学生产生疑问，积极思考。但要取得有效的思维成果，教师必须为学生提供材料，且要善于引导，教授学生思维的方法，为学生开展积极的思维活动铺路架桥。下表为“思维碰撞”部分的学业纸设计。

教学预设	问题与活动	规则与方法
思维碰撞	根据以下图片，你能提出哪些问题？应怎样进行解答？ 	1. 根据所学知识独立完成任务。 2. 完成后，在小组长的带领下归纳问题，展示答案，实现小组内的思维碰撞。 3. 小组代表上讲台提出小组的问题，其他组的同学回答，实现全班同学之间的思维碰撞。

具有开放性的课堂也可以引发学生的思维碰撞。开放性应包括形式的开放和内容的开放。从形式上来说，不给学生太多的条条框框，而给学生广阔的学习空间，这样更有助于学生的成长。比如，一位教师在教学“安全用药”的内容时，让学生阅读药品的使用说明，但没有规定学生阅读某一种或某几种药品的使用说明，而是让学生自主阅读自己提前收集的各种药品包装盒上的使用说明，让学生自己去发现新知，构建新的知识体系；再如，该教师让学生设计一个旅行小药箱，并没有规定旅行路线，也没有确定什么人去，而是让学生自行确定到哪里去、和谁去、需要准备哪些药品等，这样就给了学生开放的学习空间，使学生可以自由选择。从内容上来说，就是给学生多提供与所学内容相关的资料，不能仅限于教材中的内容。开放的课堂是学生自主发展的课堂，课堂上学生在教师的引领下自主探究、自主发现、自主创新，更容易和同学之间产生思维碰撞。

教师应把课堂的空间尽量让给学生，创设民主、平等、和谐的氛围，倡导学生自主学习、合作学习。课堂上要以观察、思考、讨论为主，让学生自主完成教学内容的学习，这样才能更好地引发学生的思维碰撞，提高学生的思维能力。

3. 思维导图

（1）自主探究式思维导图

自主探究式思维导图即应用于学生的自主学习过程中、能促进学生自主学习的思维导图。（见下页图）

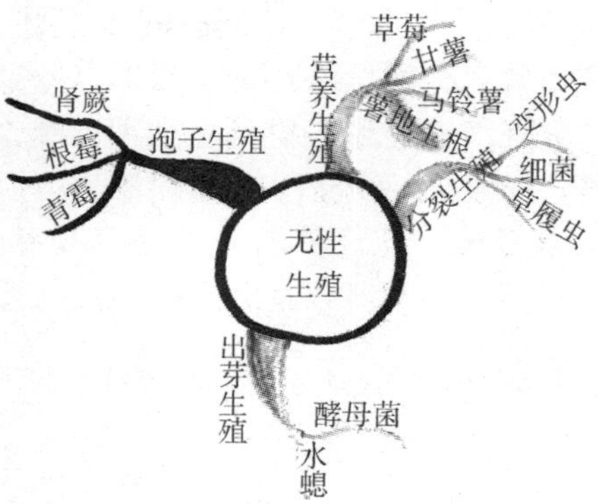

"无性生殖"思维导图

利用自主探究式思维导图可以提高学生收集和处理信息的能力、获取新知识的能力、分析和解决问题的能力以及合作交流的能力与自我评价的能力，能够有效地帮助学生增强记忆力，提高组织力与创造力。

(2) 复习引导式思维导图

下面以复习"消化和吸收"与"人体的呼吸"两课为例进行介绍。

① 构建"消化系统的组成及功能"的概念图

首先将下图制成卡片，分发给各小组（每组 4～6 人）。要求各小组在卡片的空白处填上最合适的概念，使概念图完整。不同的学生、不同的小组因对相关知识的掌握程度和理解程度不同，所以完成的速度可能不同，但结果应基本相同，因此，教师要控制好时间，给予学生适当的提示和启发。学生都完成概念图后，教师用幻灯片展示完整的概念图，让学生进行对照和修改。填写、对照及修改的过程，实际上就是复习、巩固基础知识，构建知识网络的过程。概念图的构建，给了学生明确的学习方向和具体的学习任务，增强了学生的学习动力。

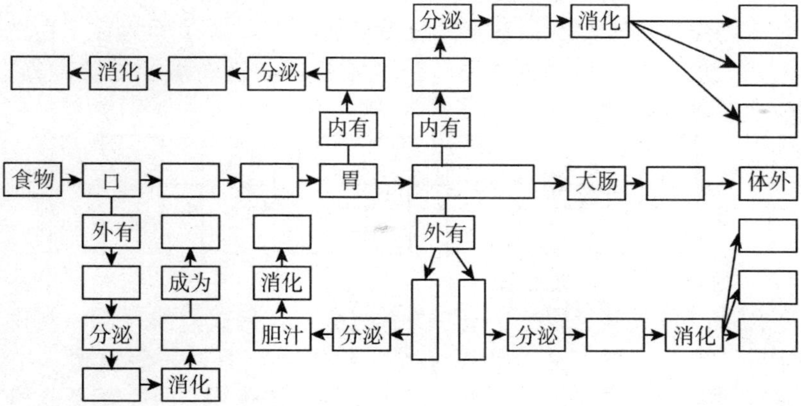

② 构建“消化和吸收”及“营养物质”的概念图

首先将下图制成卡片，分发给各小组，要求各小组用线条或箭头将相关的概念连接起来，并在线条上用关键词标明两个概念之间的关系。教师要给学生充足的时间。学生都完成后，教师用幻灯片展示完整的概念图，让学生参考对比，认真修改。此环节的复习任务明确，但结果差异较大，因为不同层次的学生对概念的理解以及概念间关系的理解不同。

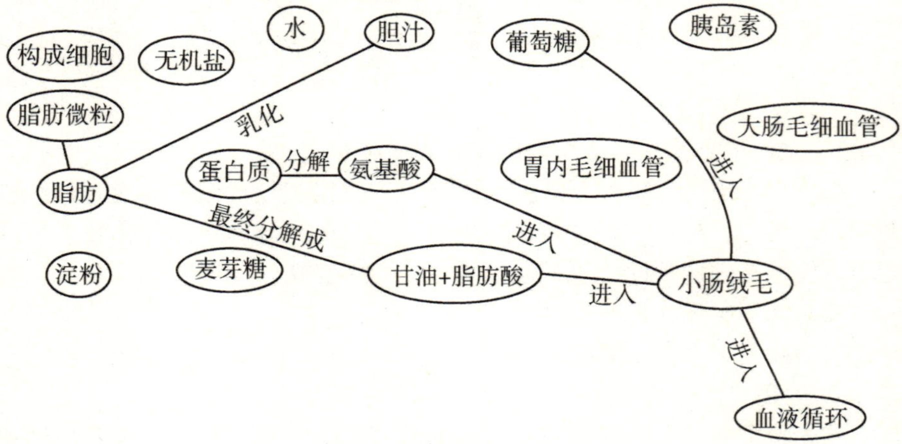

“消化和吸收”概念图

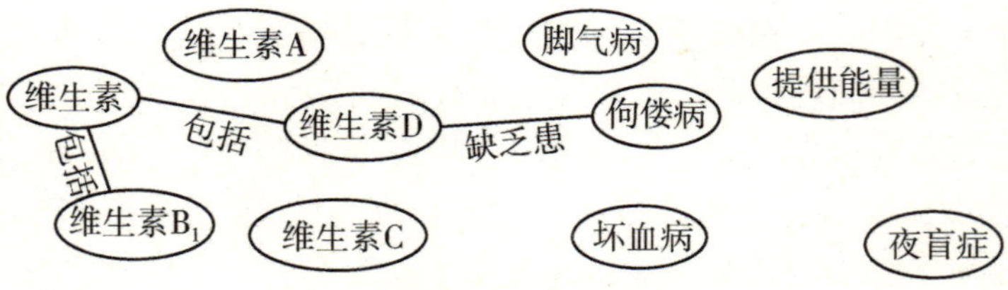

“营养物质”概念图

③ 补全“呼吸系统的组成及呼吸全过程”的概念图

首先将制好的卡片（如下图）分发给各小组，要求学生在空白的方格里填上适当的概念。教师根据学生的完成情况，适时展示完整的概念图，以便学生参考和修改。

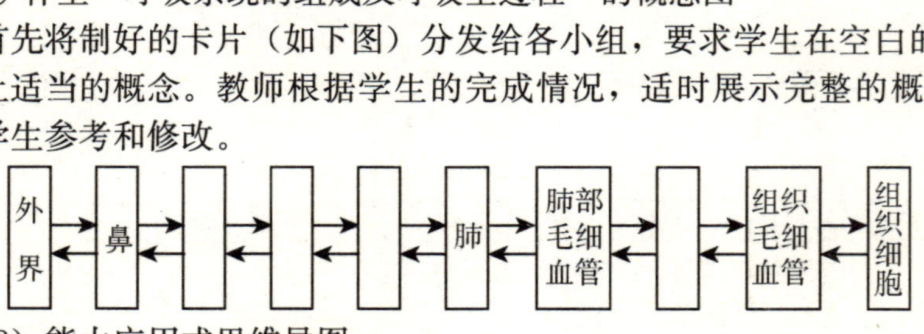

（3）能力应用式思维导图

下面以“一滴血‘旅行’记”来介绍能力应用式思维导图。教师将制好的卡片（见下页图）分发给各小组。附题目：假如一滴血要从心脏出发，依次游览头、肾脏、手、脚、肺、小肠。请你用“→”标明这滴血的游览路线。完成后各小组交换作品进行评价，然后教师展示正确答案。

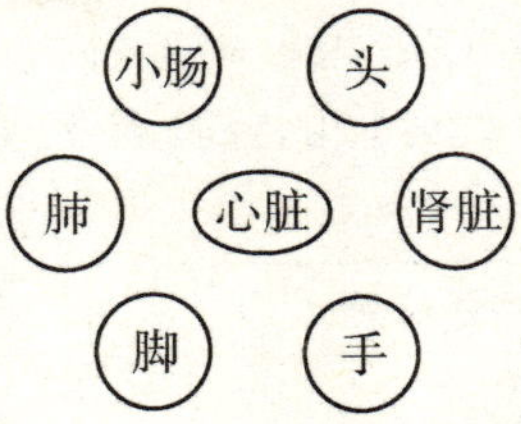

通过此活动，学生明白了两点：①心脏既是动力器官，也是中转站，即血液从心脏出发，最终又回到心脏；②血液流回心脏并非原路返回。

然后提出下面的问题让学生思考、回答。

① 血液流经肺时发生了什么？

② 血液流经小肠时发生了什么？

③ 血液流经头部时发生了什么？

④ 血液流经肾脏时发生了什么？

⑤ 一滴血要依次游览头、肾脏、手、脚、肺、小肠，将会通过几次肺？这滴血为什么不能沿"头→肾脏→手→脚→肺→小肠"的路线游览？

⑥ 请你用概念图的形式写出抗生素从左臂到达受伤指尖的循环途径。

通过以上问题，学生把"循环""呼吸""消化"等知识联系成了一个整体，加深了理解与记忆。

4. 思维迁移

思维迁移是在思维碰撞的基础上对知识的一种延伸和拓展，它是思维碰撞的升华。在"思维碰撞"部分，学生对教学内容已经有了比较全面的了解，在接下来的"思维迁移"部分，教师应根据需要设计能引导学生进行知识迁移的问题，使学生巩固所学知识，同时达到更理想的教学效果。下面通过一个"思维迁移"部分的案例来看教师是如何通过问题引导学生将所学知识进行迁移的。

教学预设	问题与活动	规则与方法
思维迁移	1. 蜜蜂既是动物、无脊椎动物、节肢动物，又是昆虫，为什么同一种动物要冠以不同的类群名称？	小组成员共同解决问题，然后小组间交流观点。
	2. 想一想，除了上面提到的动植物，我们还学过什么生物？这些生物也可以进行相应分类吗？如果可以，尝试按照一定标准将它们分类。	可以按照不同的标准进行分类，不必拘泥于一种思路。

5. 学生问题单

学生问题单是学生对课堂教学的一种及时反馈，可以让学生对课堂教学中感兴趣的问题以及具有代表性的或具有争议的问题写下来，以备师生在课上、课后进行研讨。

教学预设	问题与活动	规则与方法
学生问题单		让学生写出感兴趣的问题，或课堂上教师抓住具有代表性的问题让学生写下来。

以"单细胞生物"的教学为例，原来的问题设计如下。

教师先让学生在显微镜下观察草履虫，接着让学生观看有关草履虫的视频，然后提出一串问题让学生回答："草履虫的外形是怎样的？它看上去像什么？""为什么叫它草履虫？""观察草履虫时为什么要放几丝棉花纤维？""怎样区分草履虫的前端和后端？""草履虫身体表面有什么？""纤毛的作用是什么？""草履虫有几个细胞核？"这些问题确实是学生应该弄清楚的，但是，这样提出来使学生陷于被动的状态，很难积极进行思考和探究。教师可以考虑用一个核心问题来统领这些问题，使之构成一个有内在逻辑关系的问题串。学习这节课之前，学生已经学过多细胞生物体的结构层次，所以在教学这节课时，教师应根据学生已有的知识和经验来提问，由浅入深，由表及里，由局部到整体，通过问题串将教学内容整合成一个有机的整体。

修改后的问题设计如下。

"我们平时看到的生物都是由许多细胞构成的，它们有着从个体到器官、组织、细胞等的结构层次。在自然界中，有没有只有一个细胞的生物体呢？"呈现细菌、草履虫、衣藻等的图片。"今天我们就来研究一种单细胞生物——草履虫。为什么叫这么一个奇怪的名字呢？在显微镜下看看它的外形你就会明白了。"让学生利用显微镜观察草履虫的外形。"看到了吧，草履虫在水里还很活跃呢！它生活得多么自由自在呀！我们身体中的一个细胞或一块组织掉下来还能不能存活？会不会很快死掉？大家知道蜥蜴断尾的现象吗？蜥蜴的尾巴断了后很快就能长出新的。人的手指如果被切断了，只有在极短的时间内送到医院才能接好。草履虫只有一个细胞，但它为什么能够在自然环境中长时间存活呢？大家可以先想一想，一种多细胞的动物，如一条鱼，必须具备怎样的结构和功能才能活下去？"让学生讨论、发言。"动物要生活，就要吃东西，就要进行呼吸、排泄，还要能够运动。那么，草履虫靠什么结构吃东西？它有专门的呼吸器官吗？它是怎样进行呼吸的？它是怎样把体内的废物排出去的？它靠什么结构在水中自由地游动？要弄清这些问题，我们还需要对草履虫进行细致的观察。"教师把问题写在黑板上，让学生在显微镜下继续观察，通过观察说说对这些问题的解释或猜测，教师再进行归纳和补充。

通过以上案例可以看出，一节课的问题设计首先要有整体构思，要以一两个核心问题将所有问题统领起来，使学生主动探究。本节课是以"草履虫只有一个细胞，但它为什么能够在自然环境中长时间存活呢?"作为核心问题的。其次，要充分利用学生已有的知识和经验，在此基础上导引学生进行类比、联想等，使学生的思考有明确的方向。即引导学生将新知识与原有的知识和经验建立有效的联系，为将新知识整合到原有知识结构中打下良好的基础。此时，再引出真正要让学生思考和探究的问题，这样就可以避免生硬地提问了。最后，提问的时机要恰当。原来的设计是将提问放在观察之后，这样一来，学生难以进行有目的的观察，而科学观察应该是有明确目的的。修改后的设计将提问放在了仔细观察之前，让学生带着问题去观察，能提高观察的目的性和有效性。

6. 达标检测

达标检测是学生通过达标纸对本节课所学知识进行巩固提高的课堂教学环节。学生完成达标纸后，由不同小组的学生交换批阅，之后，再由班级学情观察员汇总评价，然后交给教师进行二次批阅。在批阅过程中，对学困生以鼓励为主，可适当给其加分。

达标检测提效益，小组互检争红旗。应给予学生充足的训练时间，同时做到及时评价和反馈，将错误消灭在训练中；应重点关注学困生的训练状况，鼓励其不断进步。

建立课堂随机评价机制，评价小组学习状况，与小组达标情况相结合，评选课堂优秀小组。做到每日一展现，每周一评定，每月一表彰，学期发喜报，记入成长卡。

八年级生物学业纸（课堂达标检测部分）

时间：________　　编号：________　　教师：许峰　　审核：刘玉茂

课堂达标检测	批注
1. 生物分类的最基本单位是（　　）。 A. 科　　B. 目　　C. 属　　D. 种 2. 下列选项中，生物共同特征较多的是（　　）。 A. 种子植物门　　B. 蔷薇目　　C. 百合科　　D. 单子叶植物纲	

（续表）

课堂达标检测	批注
3. 俗话说"风马牛不相及"，但牛和马也有相似的特征，从分类学上看，牛和马同属于一个（　　）。 A. 科　　B. 属　　C. 纲　　D. 目 4. 下列哪一个分类单位不包括"桃"这种植物？（　　） A. 被子植物亚门　　B. 单子叶植物纲 C. 蔷薇科　　D. 双子叶植物纲 5. 与马亲缘最远的是（　　）。 A. 海马　　B. 鲸　　C. 牛　　D. 驴 6. 鸡有蛋鸡、肉食鸡、草鸡等多个品种，它们都属于（　　）。 A. 鸟纲　　B. 同一属　　C. 同一科　　D. 鸡这一物种 7. 提出生物命名法——双名法的是（　　）。 A. 达尔文　　B. 李时珍　　C. 袁隆平　　D. 林奈 8. "亚纲"这一单位，应处于（　　）之间。 A. 门与界　　B. 纲与门　　C. 纲与目　　D. 目与科 9. 有关生物分类单位的叙述，正确的是（　　）。 A. 分类单位越大，所包含的生物种类越少 B. 分类单位越小，生物的共同特征越多 C. 分类单位越大，生物亲缘关系越近 D. 分类单位的大小，与所包含的生物间的共同特征的多少无关 10. 在公园里，常见到某些植物上挂着标牌，上面写着该植物的（　　）。 A. 属名、种名　　B. 科名、种名　　C. 界名、种名　　D. 科名、属名 11. 生物学家根据生物之间的________，把生物分成了________界、________界和其他几界。每个界又被分成六个更小的等级，从大到小依次是________、________、________、________、________、________。 12. 一般地，分类单位越小，其内生物间的共同特征就越________，亲缘关系就越________。 13. 小麦、水稻、棉花的分类地位如下。 门　种子植物门　种子植物门　种子植物门 纲　单子叶植物纲　单子叶植物纲　双子叶植物纲 目　禾本目　禾本目　锦葵目 科　禾本科　禾本科　锦葵科 属　小麦属　稻属　棉属 种　小麦　水稻　棉花 （1）你会发现，小麦与水稻之间的共同特征较________，原因是________，小麦与棉花之间的亲缘关系较________，原因是它们同________不同________。 （2）有人将小麦与水稻杂交，培育新品种，该想法能实现吗？为什么？	

二、初中生物“思维碰撞”课堂的教学方略

1. 问题引领

问题式教学法是以围绕问题的设计和解决进行课堂教学的一种模式。它对教师组织教学和学生学习提出了很高的要求。如果问题是建立在学生自主学习和合作探究的基础上的，教学效果势必事半功倍。有效的课堂提问能极大地激发学生学习的内驱力，开启学生的心智，促进学生的思维发展，增强学生的主动参与意识。教师在教学中要根据教学内容、教学目标、学情等精心设计问题，使学生在解决问题的过程中掌握知识、培养能力。

2. 合作学习

课堂教学是师生的双边活动，双方必须共同参与、相互配合才能获得成功。学生是学习和发展的主体，教师的“教”应该为学生的“学”服务。学生只有全身心地参与到教学中，才能学得积极主动。但是“一刀切”“齐步走”等陈旧的教学组织形式，造成了课堂教学的少、慢、差、费等现象。如教师整堂课都在讲，学生却毫无兴趣听；教学缺少双向的交流，学生没有参与课堂教学的机会；教学效果较差，学优生吃不饱，学困生消化不了；等等。解决这些问题的突破口在哪里？那就是合作学习。

优化教学组织形式，引导学生分组学习、合作达标。分组学习、合作达标是指通过分析学情，依据学生的学业水平、能力、个性特征等将学生分成若干学习小组，每组 4～7 人，根据学生的特长（如生物基础知识、实验技能等）选出组长（组长可根据学习内容选定）。分组学习、合作达标的程序如下：①目标定向。教师出示可供学生选择的适合小组合作学习的内容，各小组自主选择。②组内交流。以学生为主体，先个体自主学习，独立思考，再在组内交流。教师对小组学习做必要的指导和调控。③全班交流。各小组派代表汇报本组的学习成果，其他小组补充、评价。事实证明，采用分组学习、合作达标的教学组织形式有利于发挥学生的主体作用。不仅如此，这一教学组织形式对培养学生的合作精神、竞争意识具有促进作用。小组合作学习虽然是集体行为，但与个体的独立思考是密不可分的，二者存在着辩证关系。因此，学生要参与小组讨论、小组合作探究，就必须有自己的见解和前认知能力做基础。只有当学生的思考达到一定的程度时，才有可能在小组合作时出现观点的“针锋相对”，引发思维碰撞。

如今，小组合作学习已逐步成为初中生物教学的重要组织形式。与传统教学组织形式相比，小组合作学习有很多优点，在融洽师生关系、生生关系，活跃学生思维，促进学生健康、全面发展中发挥着积极的作用。

初中生物“思维碰撞”课堂的教学流程

<table>
<tr><th colspan="2">教学环节</th><th>基本要求</th><th>具体内容</th><th>教师</th></tr>
<tr><td colspan="2">目标定向</td><td>师生协商</td><td>在预习的基础上，师生或生生共同协商，确定教学目标。</td><td rowspan="6">引导、补漏、纠正、点拨。</td></tr>
<tr><td colspan="2">自主学习</td><td>学生自学，独立思考</td><td>在学业纸的引导下自主学习教学内容，发现和思考疑点、重点、难点。</td></tr>
<tr><td rowspan="3">合作探究</td><td>交流对话</td><td>小组合作，互动交流</td><td>在自主学习的基础上，进行组内交流、对话等学习活动，解决基本问题。</td></tr>
<tr><td>多维展示</td><td>外化展示，分享智慧</td><td>运用多种方式展示小组合作学习的成果，寻求问题的答案。</td></tr>
<tr><td>问题研讨</td><td>合作探究，质疑辩难</td><td>在小组讨论和展示的基础上，筛选问题，进行全班讨论，解决疑难问题。</td></tr>
<tr><td colspan="2">反馈矫正</td><td>反思内化</td><td>采取多种方式进行反馈检测，完成自测、总结和反思。</td></tr>
</table>

3. 学法指导

影响学生学习质量的一个重要因素就是学习方法不够科学、有效。因此，在初中生物课堂教学中，教师应注重对学生学习方法的指导，帮助学生学会学习。学法指导就是要求教师不仅要使学生掌握知识，还要使学生会学知识，使学生提高发现问题、分析问题和解决问题的能力。教师的责任不在教，而在教会学生学习。学生只有掌握了好的学习方法，会观察、会思考、会自学、会应用，才能学会学习。

学法指导应注重生物学科的特点，也就是说，学法指导应重点指导学生学会理解生物知识，学会解决生物问题。教师应通过观察、调查了解学生在学习生物知识时存在的问题，如不会听课、事倍功半、死记硬背、机械模仿，等等，并针对这些问题提出相应的学习方法，进行有效的学法指导。

4. 理性评价

评价是武器，评价是导向，评价是引领。

在教学过程中，教师要多采用鼓励性评价，对学生的学习态度、学习能力、合作精神、团队精神进行客观、恰当的评价。在评价时，坚持把握“淡化个体、强化小组”的原则。对学生在合作过程中的情感、态度、表现等进行恰当评价，并组织学生进行互评和自我反思，以此肯定成绩，找出不足，指明方向。

（1）单元达标评价

单元达标评价是通过对各个单元的知识进行检测，来评价学生对知识的掌握情况。单元达标检测主要检查学生对基础知识掌握和理解的情况，教师可以根据单元知识量确定检测时间、设计检测题。在单元教学完成后可以进行随堂检测或课后检测，可以进行开卷检测或闭卷检测。

（2）实验评价

生物学是一门实验性非常强的学科，其教学大纲中明确规定要在实验过程中对学生进行实验能力、观察能力、创造能力的培养，同时注意对学生思维能力和操作能力的培养。可见，实验教学在生物教学中占有非常重要的地位，因此设计了实验评价，即教师通过观察学生的实验过程对学生的实验操作方法、能力等进行评价。

（3）课堂学习评价

① 诊断评价：评价学生在学习新知识前对旧知识的掌握情况。可将诊断评价与课前提问相结合。

② 课堂达标评价：评价学生在课堂教学中对知识点的掌握情况，主要通过课堂检测来实现。通过课堂达标评价能及时矫正学生的错误知识点，使学生形成正确的概念，构建正确的知识体系。

③ 笔记评价：对学生的课堂笔记进行评价。这是针对初中生记笔记的能力较差的特点设计的。因为记笔记的能力对学生今后的学习、工作影响较大，因此需要加强对学生记笔记能力的培养。在培养过程中，教师可以先"扶"后"放"，"扶"即开始时由教师制订笔记规程表，让学生边听课边填写；"扶"一段时间后，放手让学生自己制订笔记规程表并完成笔记。

（4）学习行为评价

学习行为评价是对学生学习生物的态度、情感、兴趣等内容的总评价。学习行为评价可参考诊断性评价和课堂达标评价以及教师的观察等进行；同时对学生参加课外小组活动情况和获奖情况实行加分评价，以鼓励学生。

三、初中生物"思维碰撞"课堂构建过程中的问题

1. 小组合作学习有时流于形式，不注重实质

合作学习已成为当前一种常见的教学组织形式，但其也存在一些问题。主要问题是合作学习流于形式的较多，一些教师为了追求形式，常常让学生分组讨论，以营造热烈的课堂气氛，但讨论时间不够，刚刚分好

组，学生还没来得及形成比较完整的答案，就被教师制止，进行下一项内容的学习了，合作学习显得匆忙而零乱。

2. 每节课都采用小组合作学习的形式进行教学，形式单一

小组合作学习虽然是新课程倡导的学习方式，但并不适用于所有的内容或每一节课。班级学习、个人学习仍有着独特的地位和作用，在组织教学时，教师应根据教学的需要，选择有价值的内容，让学生在独立思考的基础上进行小组合作学习。

四、初中生物"思维碰撞"课堂构建过程中的思考

在课堂教学中，利用小组合作学习可以让学生优势互补，有利于培养学生的探究意识和合作精神，也有利于学生口语交际能力和解决问题能力的发展。在实际教学中，是否真正体现了高效课堂的理念，是否落实了课堂教学的"思维碰撞"方略，值得教师们思考。

1. 能否尽可能地让学生自主学习，只要学生能自己学会的知识教师尽量不讲？

2. 能否充分发挥合作学习的作用，让学生互帮互学，但又不流于形式？

3. 是否注重规范学生的专业用语，是否注重培养学生的实验操作技能？

4. 教学环节的设计是否务实、高效？

5. 对于教学的核心知识和基本技能，全体学生是否都能掌握，基本做到"人人清"？

6. 是否做到了分层教学，让所有学生都获得发展？

7. 能否有意识地培养学生的思维能力、表达能力、动手能力？

8. 能否做到当堂问题当堂解决，尽量做到课前少预习、课后少作业，减轻学生的学习负担？

9. 能否做到课堂练习少而精，引导学生在巩固的基础上进行适当的拓展练习？

10. 能否充分调动学生的积极性，尽可能让每个学生都积极参与到学习中来，不当看客？

11. 对学生的评价能否坚持把握"淡化个体、强化小组"的原则？评价能否增强学生的团队意识，提高学生的合作能力？

第八节　初中地理课堂

构建“思维碰撞”课堂的主要抓手是学业纸和学习小组。我校初中地理教研组以尝试教学为主线，融合合作学习、探究式教学、研究性学习、情境教学等先进教学方法，并结合地理学科的特点形成了独具特色的初中地理“思维碰撞”课堂，其核心可归纳为“一、二、三、四、五、六”。

一中心：以学生地理素养的全面发展为中心。

两线：明线——活动线；暗线——能力线与情感线。

三化：地理教材问题化、地理问题探究化、探究过程情感化。

四重：重过程、重结果、重体验、重方法。

五题：读图式尝试题、探究式尝试题、实践式尝试题、阅读式尝试题、德育式尝试题。

六性：科学性、艺术性、趣味性、实用性、灵活性、前瞻性。

一、初中地理“思维碰撞”课堂的探索

在初中地理“思维碰撞”课堂的教学过程中，明线与暗线相辅相成，明线是外在形式，是以知识为载体，问题引领下的师生活动。暗线是关键，包括能力线和情感线，能力线是核心，情感线是达成目标的动力系统，是实现目标的内因。

经过实践探究，我校初中地理教研组确定了初中地理“思维碰撞”课堂包括以下几部分内容。

1. 思维导引

“思维导引”部分包括前置备学和导入新课两方面内容。

前置备学，即通过学业纸对教材内容进行初步认知，为课堂探究做好充分准备。

导入新课，即教师在开始教学新的内容前，引导学生做好心理准备，并能激发学生学习兴趣的教学行为。

2. 思维碰撞

“思维碰撞”是初中地理“思维碰撞”课堂的核心部分，其方式主要是四步合作探究法。

四步合作探究法一般通过分模块进行，模块的划分可以根据具体情况灵活确定，可以按地理要素划分，如可分为地形、气候、农业、工业等模块。

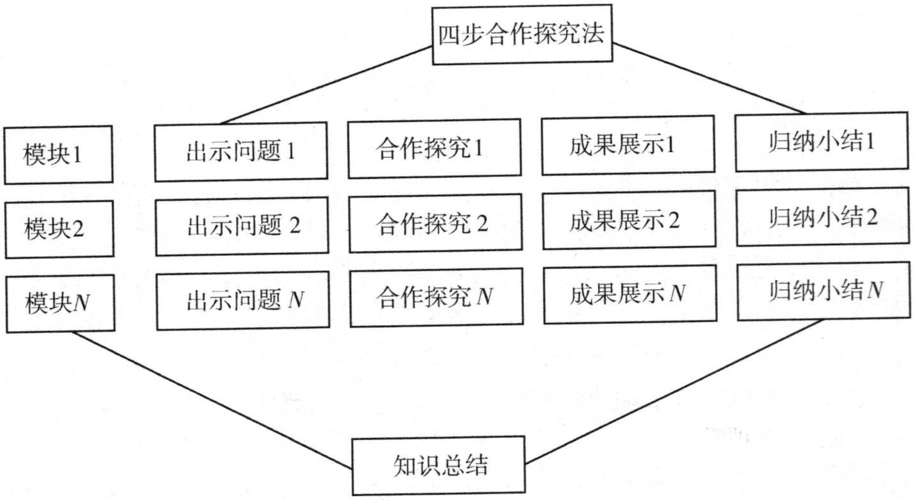

（1）出示问题

设计问题是课堂教学的核心与关键，为表明问题的特点及解决方式，我们将问题称为尝试题。经过多年的研究，我校初中地理教研组提出了五类尝试题。

① 读图式尝试题

地图是地理的第二语言，是地理学科中教与学不可缺少的工具，读图与绘图技能的养成是地理教学的重要目标之一。读图式尝试题旨在通过向学生传授科学的读图、绘图方法，让学生在阅读、绘制、应用地图的过程中，培养读图、用图的能力，使学生能够根据需要在地图中查找相关地理信息，养成在日常生活中运用地图的习惯，同时培养和发展学生的地理空间能力。如读《中国年降水量的分布》图，回答下列问题：你从图中获得了哪些信息？从中你能得到什么规律？

② 探究式尝试题

课堂上，根据学生的心理发展规律，设置一定的问题情境，让学生在自主学习或合作学习中，通过猜想、想象、实验、发现、课题研究等方式，经历知识的产生和发展过程，从而获得知识、能力及情感体验。

探究式尝试题有以下几种。

a. 猜想式尝试题。如让学生根据地理中的因果关系，由"因"猜想"果"。

b. 想象式尝试题。想象是创新的先导，是创造的源泉，是科学研究的必由之路，培养学生的想象力可以从学生已有的知识和经验出发，引导学生通过想象来探讨教材中的新知识。如结合以前所学的知识和现实生活中的经验，说一说人口过多会带来哪些问题。又如，让学生利用所学知识进行想象，想象一下假如地球上没有了森林……

c. 实验式尝试题。通过设计易于操作、能启迪智慧的实验，让学生在动手操作中，认真观察现象，探究原因。

"切割橡皮泥，绘制等高线地形图，探究规律"活动

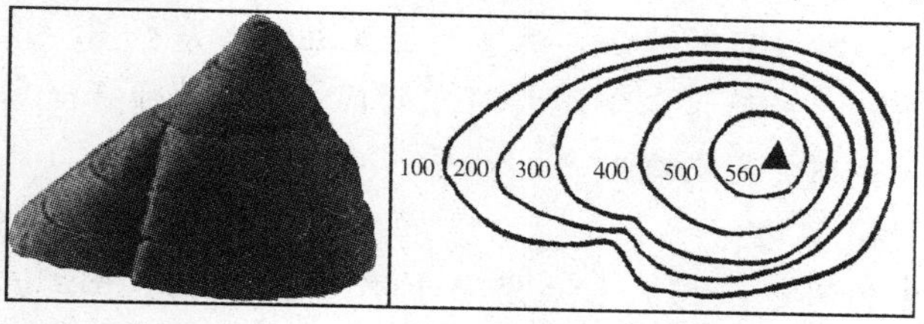

活动目的：让学生通过捏山、观察山、画山的地形图，感受山体的整体面貌，加深对等高线的理解，学会阅读并运用等高线图；培养学生的动手能力、空间想象能力和合作能力。

活动过程：

① 学生把自己手中的橡皮泥捏成山的形状，并观察其形态。

② 学生把自己捏的山绘制在白纸上，突出山的整体面貌。

③ 小组内交流，选出组内最好的一幅山的景观图。

④ 用水彩笔在橡皮泥山上画出等高线。

⑤ 在教师指导下，用刻刀沿等高线切割橡皮泥。

⑥ 将切割的橡皮泥垂直摆放，据此绘制等高线地形图。

探究规律：观察绘制出的等高线地形图，对照橡皮泥山，探索等高线的分布特点与表示的地形关系，写出结论。

____

活动感悟：______________________________________。

（执教教师：肥城市教研员王文涛）

d. 发现式尝试题。通过设置一定的情境，引导学生探究与发现。如在学习有关巴拿马运河的内容时，一位教师提出了这样的问题："从纽约到旧金山，请你设计可能的路线并评价其优劣，最后指出最优路线。"根据教师提出的问题，学生开始小组讨论，并设计出不同的路线，在这一过程中学生了解到巴拿马运河的重要作用。

传统教学只是让学生直接从教材中找出描述巴拿马运河的重要作用的语句，然后记忆，对学生的发展并无帮助。本案例中，教师让学生设计多种路线，并选择最优路线，可培养学生的发散思维和聚合思维。

e. 课题研究式尝试题。学生不是去研究教师设计好的课题，而是自己

去发现问题，确立研究课题，并通过自主探究或合作探究，解决问题。其步骤为发现并提出问题，自主或合作探究问题，得出结论。

"滚滚长江"教学片段

问题：读《长江流域水系》图，你能从图中获得哪些信息？你能提出哪些问题？以小组为单位，选择某一有价值的问题进行探究。

学生活动：按一定的方法，观察《长江流域水系》图，以小组为单位交流获取的信息，并商讨本小组要研究的问题。（教师将全班分为六个小组，各小组讨论研究后交流）

"牛顿小组"汇报：

我们提出的问题：（1）长江发源于哪个省？（2）长江流经哪些地形区？（3）长江流入什么海？

我们研究的问题：长江流经哪些地形区？

我们的结论：长江依次流经青藏高原、横断山脉、云贵高原、四川盆地、长江中下游平原。

"徐霞客小组"汇报：

我们提出的问题：（1）长江发源于什么地形区？（2）长江干流流经哪些省区？（3）长江在哪个省入海，入什么海？

我们研究的问题：长江干流流经哪些省区？

我们的结论：长江干流依次流经青、川、藏、滇、渝、鄂、湘、赣、皖、苏、沪。我们意外地发现长江、黄河都流经青海省和四川省。

……

学生通过合作探究提高了信息获取能力，同时对长江有了更清晰的认识。

f. 生成式尝试题。在教学过程中随时会产生具有探究价值的问题，我们称之为生成式尝试题。由于此类问题是随机生成而非提前预设的，所以需要教师灵活应对，逐步引导，以促进学生的学习。

"根治黄河"教学片段

师：今天，我们应该怎样治理黄河呢？

生：黄河泛滥是黄土高原的泥沙流入黄河，泥沙沉积于河底，抬高河床所致。只要做好黄土高原的水土保持工作，就能治理好黄河。

生：可以在黄土高原植树种草、打坝淤地、修筑梯田以减少流入黄河的泥沙。

生：可以在黄河的支流河口设置滤网，将泥沙拦截下来。

生：植树种草、打坝淤地、修筑梯田、设置滤网，只是减少流入黄河的泥沙，我认为可以给黄土高原披上盔甲——用混凝土浇筑。

师：你如此大胆的设想难能可贵，这一方法可行吗？

生：我认为可行。用混凝土浇筑确实可以保持黄土高原的水土。

生：可行。用混凝土浇筑不仅可以保持黄土高原的水土，让黄河的水变得如清江的水，还不用年年投资，一劳永逸。

生：不行。居住在黄土高原的人们怎么办呢？

生：不行。混凝土有吸热快、散热快的特点，用混凝土浇筑后，黄土高原地区昼夜温差增大，会改变当地的气候。

生：黄河流域生态环境脆弱，如果改变了当地的气候，生态环境可能会进一步恶化。

……

用混凝土浇筑法治理黄河，是学生在学习中提出的问题，是对植树种草、打坝淤地、修筑梯田、设置滤网等方法的突破。教师及时抓住这一生成的问题引导学生继续讨论，使大家对黄河有了更深入的了解，同时激活了学生已有的知识经验和生活经验。

探究式尝试题是课堂教学的核心，主要针对教材中的重点设计。一节课中，探究式尝试题不可设计太多，要少而精，要给学生充足的探究时间，否则探究只会流于形式。

③ 实践式尝试题

实践式尝试题源于研究性学习，是学生在教师的指导下，从学习生活和社会生活中选择、确定的研究课题。其步骤：师生或生生协商确定研究课题；开展社会调查，收集信息，得出结论；表达与交流；撰写小论文。

实践式尝试题主要包括两大类：社会实践类与论文写作类。

社会实践类案例：

1. 带领学生进行一次登山活动，然后让学生以小组为单位提出一个地理问题并进行探究。

2. 请你设计一份调查表，记录自己家一周内每天的用水量。

（1）说明你收集数据的过程。

（2）统计本小组所有家庭一周内每天的用水总量。

（3）根据上面的数据制作统计图。

（4）根据你收集的数据，估计全班所有家庭一周内的用水量以及一年内的用水量。如果将全班所有家庭一周内所用的水用来支援干旱地区的农作物灌溉，大约可灌溉多少平方米的农作物？

论文写作类案例：

通过上网或其他途径，收集资料，撰写有关沙尘暴产生的原因及防治的论文。

④ 阅读式尝试题

教师首先传授给学生科学的阅读方法，然后提出问题，让学生在问题的引领下通过阅读教材，归纳、比较、抽象、概括等思维活动，解决问题。其目的在于通过自学活动，培养学生的地理学习能力，为学生将来不断获取新知识、适应社会需要打下基础。如阅读教材内容，结合实际，归纳水资源危机产生的原因。

⑤ 德育式尝试题

充分利用录像、图片、表演、辩论、角色模拟等手段，创造生动的、具体的地理德育情境，让学生在情境中受到感染，思想得到升华。在初中地理课堂教学中，主要通过情境使学生关心我国基本国情，增强热爱家乡、热爱祖国的情感，树立正确的人口观、资源观、环境观和可持续发展观。

初中地理课堂上的德育应逐渐渗透，要动之以情，晓之以理，持之以恒，导之以行。

课堂小品：地球就诊记

背景：某天，宇宙中心医院来了一位不速之客——愁容满面的地球（学生甲扮演）。

地球走进各专科门诊（不同小组扮演），分别与不同门诊的医生对话。通过各位医生的诊断，体验环境问题的重要性。

我们从地理课程目标与五类尝试题对照图（见下页图）中可以看出，五类尝试题与课程目标只是粗略的对应，目前由于《义务教育地理课程标准（2011年版）》中对学生地理学科能力的要求过于粗化，而且没有说明如何实现这些地理学科能力，导致教师无所适从。所以我们经过研讨形成了这张对照图，以使教师对课程目标能有明确的认识，进而有针对性地培养学生的地理学科能力。

（2）合作探究

在尝试题的引导下，学生通过自主学习、合作学习等方式探究问题的答案，体验探究过程。学生对尝试题的合作探究方式有以下几种。

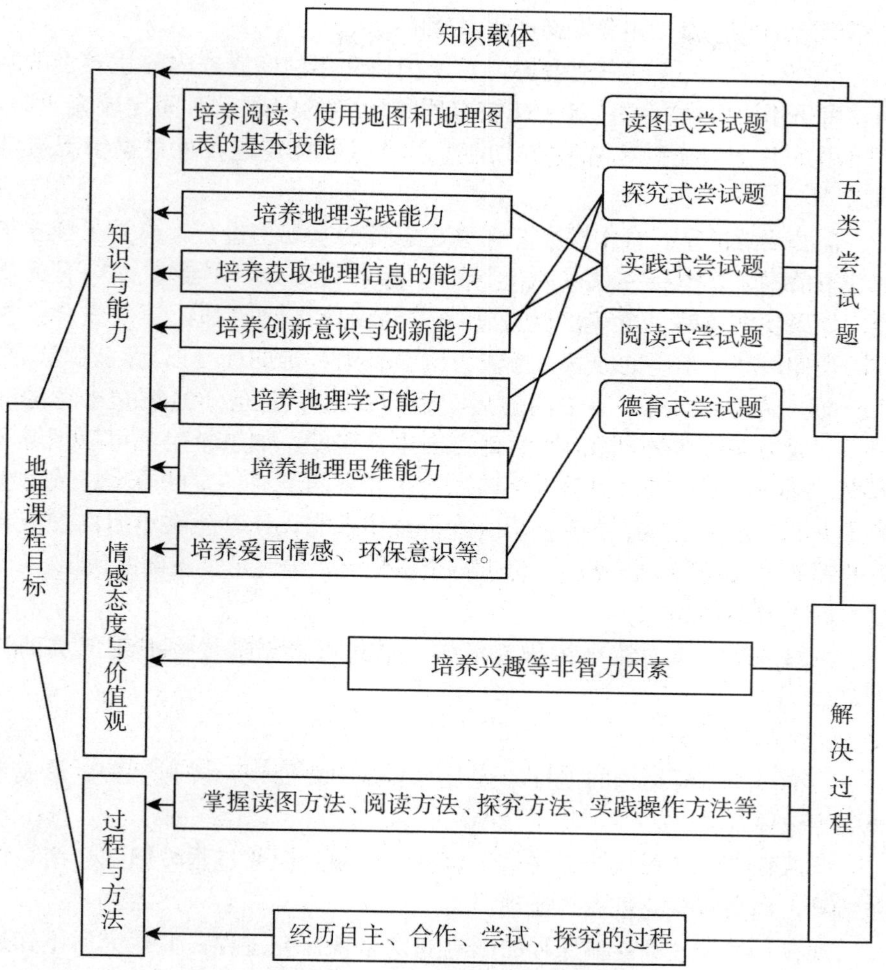

地理课程目标与五类尝试题对照图

① 小组合作式

指学生以小组为单位，对尝试题进行合作探究的学习方式。小组的划分要充分考虑学生在学习基础、思维习惯等方面的差别，从而实现小组的优化组合。小组应有共同的学习目标，在小组内每个人都可以自由表达观点，通过讨论交流达到共同提高的目的。小组合作学习能够培养学生的合作意识和团队精神。但如果过于注重合作，会使学生的思考缺乏独立性。

② 自主合作式

即先由学生对尝试题进行自主探索，待每个人都形成自己的观点后，再以小组为单位进行合作交流。自主合作式是自主探索与小组合作的组合：自主探索是前提，可以为小组交流准备发言材料；小组合作是提高，在小组交流时会因互相启发而产生灵感的火花。

两种合作探究方式各有利弊，对于比较简单的问题或内容比较多的问题，可采用小组合作式；对于比较有思维价值的问题且时间比较充足时，可采用自主合作式。对两种方式的选用没有硬性规定，可根据情况灵活使用。

需要注意的是，合作探究应在独立思考的基础上进行，离开了独立思考这个前提，合作探究就如水上浮萍，落不到实处，不能发挥应有的功能。如果我们忽略了学生的独立思考，遇到什么问题都让学生去合作探究，长此以往，学生的独立思考能力就会减退，走向社会以后，就难以独当一面。因此，在提出一个问题后，教师要给学生充分的独立思考的时间，并通过观察判断问题对学生而言的难易程度，如果学生都可以理解和解决，那么，教师不必让学生合作讨论；如果问题有一定的难度，或学生的意见不一致，教师就要组织学生进行合作探究，让学生在小组内交流各自的看法，形成统一意见后，再进行全班交流，最终形成正确的认识。

(3) 成果展示

小组选派代表交流小组探究成果。形式可根据需要由小组成员商讨决定。

(4) 归纳小结

归纳小结是对结论的汇报，其形式多以纲要展现，以利于学生形成系统的知识体系。

新课程提倡过程与结果并重，解决尝试题是探究过程，归纳小结是探究结果，也是对探究过程的梳理。

现在，不少教师受新课程的影响非常重视探究过程，但探究后不知道及时带领学生对探究结果进行总结，以至于学生"忙活"了一节课，却不知道究竟学到些什么。

3. 思维迁移

"思维迁移"部分旨在引导学生将所学知识进行迁移运用，以达到应用、巩固所学知识的目的，其主要表现是拓展练习。拓展练习侧重于对知识的应用，其高度要略高于基础巩固。

4. 思维导图

"思维导图"为课堂的总结部分。初中地理学科中的概念、知识点较多，一节课结束后，学生需要将本节课内容进行有效整理，将概念、知识点连接起来，形成完整的知识体系（即思维导图）。思维导图的构建使得教学内容清晰可见，这样便于学生记忆。同时，在构建思维导图的过程中，学生能提高归纳整理能力。

初中地理思维导图可以分为两种：按知识模块绘制思维导图和用分层级的线条连接概念。按知识模块绘制思维导图，有利于学生从整体上了解、把握重要的概念和知识体系。用分层级的线条连接概念，可以提示知识重点，展示知识点之间的联系，快速促进知识的整合，有利于知识体系的形成，从而提高学习效率。

二、初中地理“思维碰撞”课堂中的学业纸设计

初中地理学业纸是在传统教案、传统学案（或导学案）的基础上编制而成的，它以学生的全面发展为指导思想，以模块（或框题）为主要单元，以合作探究为课堂主要活动形式，它既有对传统教案、传统学案（或导学案）的继承，又有对其的扬弃。

1. 初中地理学业纸的设计理念

(1) 以人为本，关注学生的全面发展

在传统教案支配下的地理课堂上，教师讲，学生听，学生在课堂上除了掌握一些知识外，几乎得不到发展。

在传统学案（或导学案）支配下的地理课堂上，学生开始成为学习的主体和课堂的主人。先学后讲，是其典型特征，学生的学习始终是围绕如何学会知识和掌握知识进行的，其探究能力、创新能力以及情感态度与价值观等并没有得到应有的发展。

而初中地理学业纸从开始设计便站在了“以人为本，关注学生的全面发展”这一高度，通过设置一定的探究情境，引导学生完成对知识的探究，使学生在课堂活动中不仅能掌握知识，还能培养能力、塑造人格，其目标是为学生未来的发展奠基。

(2) 学为主体，教为主导

建构主义理论认为，学习是构建内在心理表征的过程，是一种能动的构建过程。知识是学生在一定的情境即社会文化背景下，借助他人的帮助，利用必要的学习资料，通过意义构建的方式获得的。学业纸的设计旨在引导学生独立思考、提出问题并解决问题，进而提高学生各方面的能力。

2. 初中地理学业纸的编制原则

(1) 模块化原则

初中地理学业纸是根据知识的内在联系进行设计的，先将一节课的内容分为若干探究模块，然后针对每一个模块设计问题，引导学生进行探究，使教与学达到同步。

（2）主体性与主导性相结合原则

首先，必须重视学生的主体性。教师在设计学业纸时，必须尊重学生，要充分发挥学生的主观能动性，以激发学生的主体意识；必须依靠学生，注重引导学生直接参与并完成一系列学习活动，以发挥学生的主体作用；必须信任学生，给学生足够的时间和空间，让学生自主学习和发展，以确立学生的主体地位。

其次，要高度重视教师的主导作用。学生进行探究活动时，教师要及时引导；学生训练遇到困难时，教师要及时点拨。总之，教师是学生学习时的引导者和解惑者。

（3）启发性原则

启发性原则包含两层含义：一是学业纸中设置的问题应富有启发性，能充分调动学生的思维，让学生通过自主学习领悟知识的奥妙，提高思维的敏捷性；二是教师要根据学生的探究情况，及时启发点拨，将探究活动的难度始终控制在学生的最近发展区内。

（4）灵活性原则

学业纸在形式上应丰富多彩、灵活多样，在内容上应尽量调动学生思维的积极性。

（5）层次性原则

基于学生认知特点、学习规律等的差异，教师在设计学业纸时应注意层次性和梯度性，要体现因材施教、分层教学，但是无论在哪个层面上，都要让学生自主探究，获取知识。设疑应首先考虑知识的层次性和学生的差异，要从学生的心理特点出发，巧妙设置问题情境，循序渐进地引导学生探究未知领域，使对学生提出的新的学习要求、学习任务与学生的知识水平之间的矛盾不断得到解决，又不断出现，从而使学生在循环往复的学习中不断增长知识，提高探究能力。

问题的设计应尽可能考虑到学生的认知水平和理解能力，要由浅入深，梯度推进，让大多数学生能体验到成功的喜悦，从而调动学生进一步探究的兴趣。

（6）创新性原则

在课堂教学中，教师要创新地教，学生要创新地学。在设计学业纸时，教师要渗透启发式、讨论式、竞赛式、辩论式、调研式等方法，不仅传授给学生知识，还要教给学生知识创造的规律，教给学生发现、获取知识的能力，要给学生一定空间，让学生主动而自由地思索、想象、发问、选择甚至行动，为学生的创造性活动提供时间、空间和材料。

3. 初中地理学业纸的编写与运用

下面以“非洲”一课的学业纸设计为例进行介绍。

“非洲（一）”学业纸

<table>
<tr><th>教学环节</th><th>问题与任务</th><th>活动与方法</th></tr>
<tr><td>思维导引</td><td>【前置备学】
出示有关非洲的地图。</td><td>对照地图填写地理事物。</td></tr>
<tr><td rowspan="2">思维碰撞</td><td>

目标：运用地图说明非洲的地理位置（经纬度位置、半球位置、海陆位置）。
探究活动一：
1. 在教材相应的图中，描出赤道与南北回归线，观察非洲主要位于哪一温度带。
2. 在地图中找出大西洋、印度洋、地中海、红海和马达加斯加岛。
3. 试着描述非洲的位置。</td><td>描述位置的方法：纬度与海陆。</td></tr>
<tr><td>

目标：运用地图分析说明非洲的地形特征，并能够在地图上找出非洲著名的地形区。
探究活动二：
1. 读教材中的《非洲地形》图，解答下列问题。
(1) 在图中标出世界上最大的沙漠（撒哈拉沙漠）、世界上最大的盆地（刚果盆地）。
(2) 通过《非洲地形》图归纳非洲的地势特点。
(3) 归纳非洲的地形特征。
2. 阅读教材中东非裂谷带的相关资料，解答下列问题。
(1) 在《非洲地形》图上描出东非裂谷带，并说出其起止点。
(2) 猜想东非裂谷带形成的原因，并通过阅读验证。
3. 小结。
<table>
<tr><td rowspan="5">地形</td><td colspan="2">特点</td><td>以________为主，被称为________，海岸平直，少岛屿。地势特点是________。</td></tr>
<tr><td rowspan="4">地形区</td><td>高原</td><td>非洲最高的高原是________，被称为________。</td></tr>
<tr><td>山脉</td><td>非洲最高的山是________。</td></tr>
<tr><td>盆地</td><td>世界上最大的盆地是________。</td></tr>
<tr><td>其他</td><td>世界上最大的沙漠是________；世界上最长的裂谷带是________。</td></tr>
</table>
探究活动三、四（略）</td><td>分组展示基本地理事物。先思考再讨论。</td></tr>
</table>

（续表）

<table>
<tr><th>教学环节</th><th>问题与任务</th><th>活动与方法</th></tr>
<tr><td>思维迁移</td><td>汤姆的家乡西临大西洋，居民基本上都是黑种人……他的家乡种有大面积的可可，其他农作物很少，靠出售可可赚的钱购买粮食。据此完成第 1 题和第 2 题。
1. 汤姆家乡的经济特点是（　　）。
A. 初级产品为主的经济　　B. 工矿业为主的经济
C. 加工贸易为主的经济　　D. 进口—加工—出口型经济
2. 汤姆所在大洲的景观有（　　）。
① 湿热茂密的雨林　② 广阔无垠的草原　③ 星罗棋布的海岛
④ 一望无际的沙漠　⑤ 陡峭幽深的峡湾　⑥ 悬崖壁立的裂谷
A. ①③⑤　　B. ②④⑥
C. ①②④⑤　　D. ①②④⑥
3. 下图表明制约其发展的重要因素是（　　）。
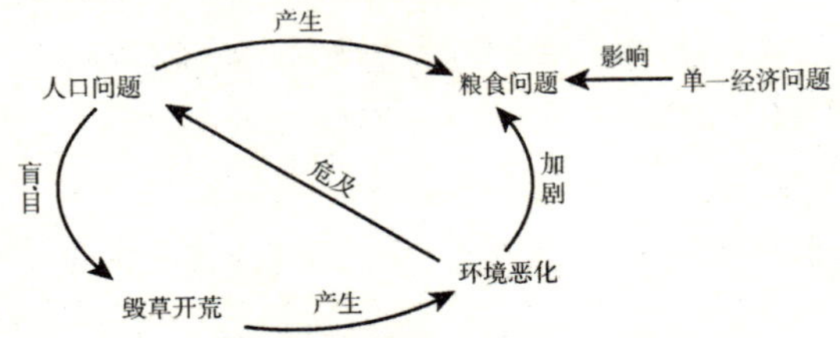

非洲某地环境恶性发展循环图
A. 人口问题　B. 环境恶化　C. 单一经济　D. 毁草开荒
4. 将“①土地荒漠化，②人口增长过快，③粮食短缺”填入下图中，自上而下正确的顺序是（　　）。
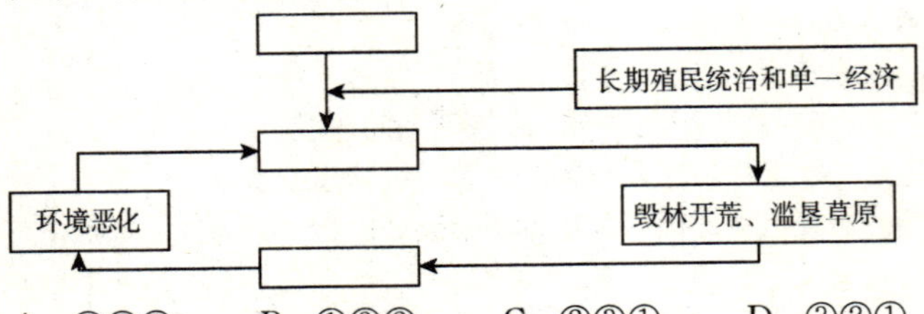

A. ①②③　　B. ①③②　　C. ②③①　　D. ③②①</td><td>自我测验、讨论改正、反思提高。</td></tr>
<tr><td>思维导图</td><td>画出本课思维导图。</td><td>小组合作。</td></tr>
<tr><td>问题单</td><td></td><td></td></tr>
</table>

初中地理课堂授课模式图如下。

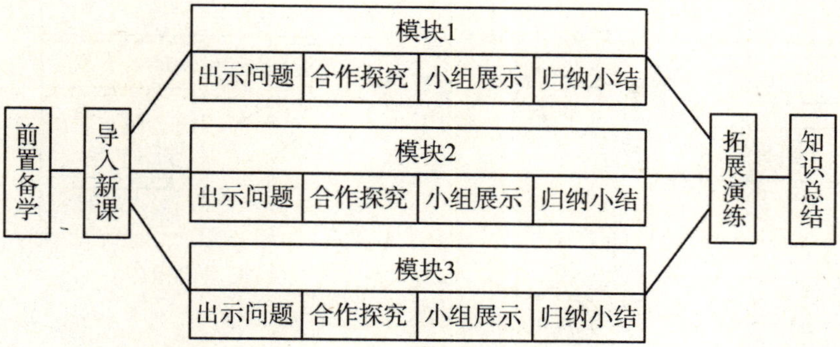

4. 初中地理学业纸的特色

(1) 实行模块探究

模块探究更容易实现教与学的同步，其中，模块的划分主要依据地理的知识线索，即自然地理（位置、范围、地形、气候、河湖、资源等），人文地理（国家、人口、语言、宗教、经济等）。

以模块为单元，每一模块实施探究四步曲：出示问题—合作探究—小组展示—归纳小结。

(2) 特有的地图

① 尝试地图

将要求学生掌握的知识点全部附在地图上，达到知识点与地图的紧密结合，主要步骤：填注（新授课阶段）、复习（复习课阶段）。

地图为地理的第二语言，如何用好地图是学好地理的关键。尝试地图的建立，能使学生在学习地理的过程中，通过反复识图、填图、用图，达到心中有图的境界。

② 地理心图

学好地理的关键是建立地理心图，地理心图主要包括世界轮廓图与中国轮廓图（乡土地理则为本地区地图）、地理知识网络图（地理知识树）等。

宏观把握地理心图一：世界轮廓图、各国家轮廓图，学生要达到闭上眼睛能够想出七大洲、中国五大地区的大体位置的境界。开始时学生可能想不出，可通过反复练习实现，必要时可借助描图等方式记忆，以后每学到一个国家或地区，都要回到心图，落实其位置（"安家"）。

宏观把握地理心图二：

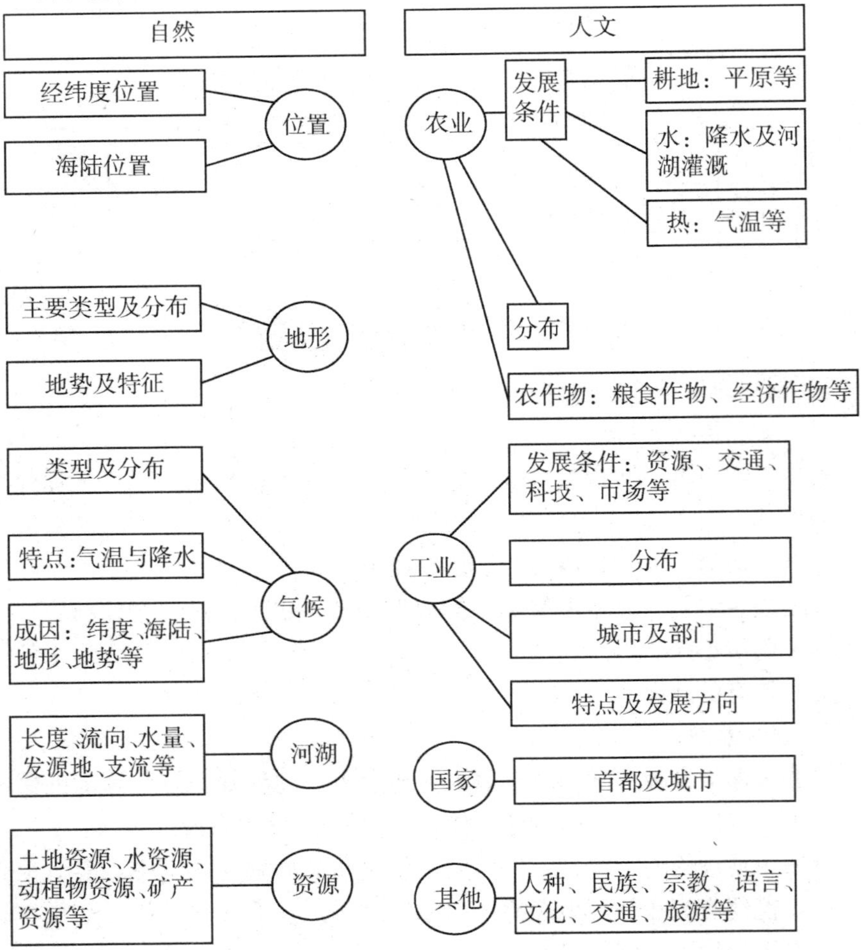

说明：

1. 地理基本要素（自然地理要素与人文地理要素）是地理学科的骨架，也是系统记忆地理知识的工具。

2. 对世界上每个大洲（地区或国家）的研究几乎都要从上述几个方面进行，只不过有时侧重点不同而已。因此，教师一定要引导学生熟记这些内容，而且要让学生理清地理要素之间的内在联系，这是地理探究的基础。

3. 通过实例帮助学生理解地理各要素之间的关系：河流与地形、气候的关系，气候与其他要素之间的关系，农业与其他要素之间的关系，工业与其他要素之间的关系，人口的分布与其他要素之间的关系。

（3）推行小考卷

① 产生的背景

传统的单元测试时间大多为一节课，而讲评则在下一节课，阅卷者为教师，其具有以下几个缺点。

a. 反馈慢。学生上节课怎么想的到下一节课教师讲评时早已模糊了，不利于学生的反思与能力的养成。

b. 费时。考一节，评一节，耗时过长。

c. 阅卷者仅为教师，学生较被动。

d. 由于大多地理教师所教的班级较多，因此批阅试卷无疑给教师增添了过重的负担。

基于此，我校地理教研组推行了小考卷。

② 小考卷的设计

每份小考卷由两页组成，为平时单元测试卷的一半，分值为 100 分，时间为 20 分钟。

③ 小考卷的操作

每学完一个单元，便进行一次测试。利用课堂的前 20 分钟进行测试，后 20 分钟让学生相互阅卷。同时教师趁热打铁进行讲评，讲评完后及时将试卷收上来，登记成绩后下发给学生纠错。

小考卷的作用在于实现自我达标，因此，在阅卷时不打分数，只在卷面上写“优秀”“过关”“待定”。对于得“待定”的学生，可选择几个简单的问题，对其进行平行性复评，以使其达到“过关”甚至“优秀”。

④ 小考卷的优势

a. 反馈快。当堂测试，当堂反馈，有利于学生纠错。

b. 省时。考与评共用一节课。

c. 阅卷者为教师与学生，增强了学生的参与意识，为教师减轻了负担。

总之，小考卷量小而精且灵活、方便、节省时间，有利于实现“堂堂清”，能够有效提高教学质量，是师生的小帮手。

（4）便于为学生减负

减负主要包括两方面内容：学习负担和经济负担。当前学生的学习材料主要有地理教材、地图册、地理填充图册、地理教辅等。而学业纸融教案、学案、笔记本、作业本、填充图于一体，学生在学习中使用学业纸只需一本（教材）与一案（导学案）即可，这样既为学生减轻了经济负担，又为学生减轻了课业负担。

目前地图册上95%以上的地图都与教材中的重复，所以基本可以不用；学业纸中有专门针对教材设计的尝试地图，全面地代替了填充图。

(5) 有利于实现素质教育

素质教育的主渠道在课堂，实现的关键是在课堂上以学生为主体，引导学生进行自主探究或合作探究。然而，目前地理教辅主要以练习为主，用于教师讲授后的知识巩固，其重视的是教学结果，根本无法与当前的新课程相适应。而学业纸在注重结果的同时，也注重过程，与新课程教学同步，是地理教师在课堂上实施素质教育的好帮手。

(6) 增强了备课的实效性，使集体备课落到了实处

传统教案存在三大问题：失去了最初的本质需要，应付检查大于课堂应用；浅层次备课多，大多只是对教材的简单"克隆"，缺乏深层次备课；教师备课时各自为战，优势资源与方法得不到交流与共享。而学业纸则避免了以上问题，通过集体编制，集中了大家的智慧，使备课质量大大提高。

总之，初中地理学业纸的使用，使新课程理念得到了落实，使素质教育真正走进了课堂。由于目前我们仍处于完善阶段，学业纸还存在一些不足之处，而这正是我们今后努力的方向。

第六章

“思维碰撞”课堂制度建设

一、"思维碰撞"课堂教学评价量规（试行稿）

一级指标	二级指标	评价细则			评分
		优秀	良好	一般	
目标设计（5分）	目标内涵（3分）	高层次目标和低层次目标有机结合，旨在以知识和技能为载体，通过活动培养学生的批判性思维和独立人格。（3分）	高层次目标和低层次目标有机结合，重视学生思维成果的产出和对学生独立人格的培养，但对批判性思维的培养体现不明确。（2分）	基本照搬三维目标，关注到了学生的能力发展和人格培养；思维成果只关注到现有知识的复述、理解、应用。（1分）	
	表述方式（2分）	目标表述的是学生的学习行为和产出成果，以及非教师的教学行为；教学目标简洁实用，可测量度高。（2分）	能将传统目标转化为行为目标和表现目标进行表述，目标指向学生学习成果的产出，目标可测量度中等。（1分）	表述依然是三维目标的方式，对学生的学习缺乏指导意义，目标达成度难以测量。（0分）	
课程意识（15分）	文本资源（5分）	善于创造性运用教材，能准确把握教材的内涵和外延，呈现学科美的特征。（5分）	能按新课标的要求用好教材，能把教学内容转化为学习活动，但缺乏教学智慧。（3分）	能按新课标的要求完成教学任务，但对教材缺乏加工或改造。（1分）	
	生活资源（5分）	能科学选择课内外生活资源，并能将各种资源巧妙整合，灵活运用于教学中。（5分）	能根据教学需要，优化整合并运用课内外生活资源，但不太理想。（3分）	能运用课内外生活资源进行教学，但只是生搬硬套、照本宣科。（1分）	
	生成资源（5分）	善于整合课堂上生成的问题，能将其巧妙变成教学资源。（5分）	能将教学中学生碰撞出的火花、出现的问题变成教学资源，但处理不够巧妙。（3分）	能处理预设之外的问题，但不能将其合理变为教学资源。（1分）	

（续表）

一级指标	二级指标	评价细则			评分
		优秀	良好	一般	
教学元素（50分）	优质问题（10分）	课堂围绕一两个可分解的主要问题展开深度探究；问题价值高，能引发学生的思维共振和质疑论辩；学生在课堂对话中产生了许多精彩观点。(10分)	课堂解决的主要问题在四个以上；问题能引发学生的认知冲突；学生的精力聚焦在寻找答案上，较少看到学生质疑论辩和有理有据地发表见解。(6分)	问题多、碎，多为师生单向问答，缺乏新旧知识的联系；学生应答大部分是照搬教材答案，缺乏深度思考。(3分)	
	主题活动（10分）	活动围绕主要问题有计划、分步骤、递进式展开，有利于启智思辨，使学生形成批判性思维；活动能使学生动口、动手、动脑。(10分)	有不少生生互动的活动，但多为简单的讨论和知识呈现，缺少有理有据的争议和论辩；互动活动注意到了规则，但缺乏组织性。(6分)	基本上是师问生答，较少见到生生对话；学生参与面广，但只是对现有知识的"搬迁"，较少产出独立的、富有创意的思维成果。(3分)	
	嵌入评价（10分）	嵌入过程的评价量规科学有效，直指问题内涵，活动组织有序。(10分)	评价指向提升问题解决质量和提高学习活动效度；有嵌入教学过程的指导性评价。(6分)	只有简单的口头评价和达标测验；评价的目的是维持课堂秩序。(3分)	
	交互反馈（10分）	围绕核心问题，学生各抒己见、据理力争；学生补充、评价形成精彩的生生对话；协调使用多种反馈形式。(10分)	能运用多种反馈形式；学生应答后，教师及时反馈。(6分)	学生应答后，教师直接评价反馈，给予结论，没有学生多种见解的碰撞，只有简单的师生问答。(3分)	
	学习支架（10分）	为学生的学习（包括前置学习）提供了资源、工具、方法支持；引导画龙点睛，恰到好处；能巧妙运用多种组织形式引导学生开展学习活动。(10分)	重在引领，能够创设良好的教学情境；能够灵活运用个体、同伴、小组、班级四种学习组织形式；能给学生的学习提供资源和活动路径，体现了以学定教的原则。(6分)	教师支配课堂，不能创设适合学生学习的教学情境；只有个体学习和班级学习两种组织形式；相关教具、资源只为教师授课服务，而不是为学生学习服务。(3分)	

（续表）

一级指标	二级指标	评价细则			评分
		优秀	良好	一般	
学生学习成果（30分）	学生表现（10分）	全班学生积极投入，表现为"三争"：争先、争辩、争理；生生对话、质疑论辩有序、有效、有深度；团队意识强，讲究活动规则和交往礼仪。（10分）	大部分学生积极参与问题的思考、质疑论辩，敢于尝试；课堂对话有序、有效，合作意识较强，但需要提高倾听能力和交往能力。（6分）	部分学生参与问题的思考与回答，多数活动是在教师引导下进行的，学生的合作意识和规则意识较差。（3分）	
	思维参与（10分）	听：透过表象，抓住本质，提炼主干，发现问题；说：应答、反馈有的放矢，能清晰地表达观点，有说服力；读：能抓住重点，区分问题，快速过滤、提取信息；写：论证过程中保持论点清晰，不迷失在假象中，论据取舍标准明确。（10分）	具有批判性思维的听、说、读、写；基本能用流畅、有条理的语言阐述问题，思路较为清晰；能够提出问题，敢于表达自己的观点并进行有理有据地争论。（6分）	缺少对核心问题的探究欲望，盲信、盲从他人的观点，缺乏质疑精神；创新性思维成果较少，缺乏主见或清晰的思路。（3分）	
	成果达成（10分）	善于"三争"（争先、争辩、争理），"三会"（会倾听、会标记、会梳理），"三出"（提出独到见解、亮出解题思路、产出思维成果）；目标达成度高；问题意识和探究兴趣自然延伸到课外。（10分）	"三会"：会倾听、会标记、会梳理；产出的思维成果（精彩观念、问题解决方案、思维导图等）较丰富；学用结合意识强；问题意识和探究兴趣难以延伸到课外。	能够在"读中学、查中学、做中学、说中学、听中学"中达成教学目标，但独立学习或合作学习产出的思维成果不明显，缺乏创新性。	
总分					

二、“思维碰撞”课堂学业纸设计质量评价标准

序号	一级指标	二级指标	分值
1	符合课标	符合国家课程标准，能体现以能力培养为首的原则。	5分
2	以生为本	符合“三个利于”（利于学生提出学习问题、利于学生开展学习活动、利于学生形成知识结构）；为学习而设计，体现“做中学”思想。	15分
3	减负增效	符合“两减两提”标准（减少厌学、提高活力，减轻负担、提高质量）；量不超标（除学校规定可留课外作业的科目外，其他作业一律要求当堂完成）。	10分
4	简洁实用	符合“简洁实用、灵活运用”的基本要求，切忌面面俱到、事无巨细或同质化（学业纸服从教学方式）。	10分
5	自成特色	不等同教辅、不等同学案、不等同作业，切忌教材重现、知识搬运、网题转载，变成习题册。	10分
6	因课而异	不同学科不同特色、不同课型不同设计；预习课、新授课、复习课或实验课、阅读课、练习课等内涵不同，切忌单一。	10分
7	二次开发	设计预留二次开发空间，教师和学生可根据实际需要进行师本化和生本化再加工。	5分
8	三不重复	符合“三不重复”设计要求：能书上标注的不重复、能课件展示的不重复、能课堂记录的不重复。	5分
9	四个关注	关注层次：注重学习的层次性，不同学习时段有不同的任务。前置备学：储备实践知识和准备课堂活动；课堂探究：学生学习和形成学习成果；达标练习：巩固知识、拓展思维。三者应呈阶梯形、立体式设计。 关注差异：问题设计符合“小台阶、低坡度、分层次”的特点，既注重人人参与，又关注培优辅差，强调以问拓思、设疑激趣。 关注方法：注意学习方法和思维方法的引领。 关注质量：不论活动设计还是思维训练，都准确、严谨，符合学生的认知水平，给学生充足的自主、合作时间和空间，引导学生关注生活。	20分
10	强化反馈	强调“精选、精讲、精练、精批”，强化教师课后反思和学生学后反思。	10分

注：（1）学业纸有两类：一类是为了解决课堂教学随意性、无序性问题而设计的普适性学业纸；一类是为了实现创造性、艺术性教学目标而设计的个性化学业纸。前者一般为教师集体备课、统一编写，后者一般为高水平教师自主设计，我们应确保前者、鼓励后者。

（2）学业纸从不同角度有不同区分。从时间上分，有课前学业纸、课堂学业纸、课后学业纸；从用途上分，有备学用学业纸、研学用学业纸、评估用学业纸；从学习方式上分，有自主用学业纸、合作用学业纸、探究用学业纸。

三、"思维碰撞"课堂观察表

<table>
<tr><td colspan="2">课题名称</td><td colspan="2"></td><td>学科</td><td></td></tr>
<tr><td colspan="2">授课人</td><td></td><td>班级</td><td colspan="2"></td></tr>
<tr><td colspan="2">课型</td><td></td><td>时间</td><td colspan="2"></td></tr>
<tr><td colspan="3">观察项目</td><td colspan="3">观察记录与分析反思</td></tr>
<tr><td>"思维碰撞"课堂五大元素</td><td colspan="2">1. 优质问题：能否引发学生的认知冲突和思维碰撞？是否有利于学生进行思维对话和深度学习？是否进行了课程整合和生本化设计？
2. 主题活动：教学是否围绕主要问题有计划、分步骤、递进式展开？听、说、读、写的训练是否关注到批判性思维的培养？动口、动手、动脑能否和谐统一？
3. 嵌入评价：是否具有嵌入教学过程的评价量规？评价是否有利于问题的解决，促使活动高效？嵌入评价、小组评价和口头评价是否做到了有机统一？
4. 交互反馈：教师能否引领学生参与反馈？学生能否围绕核心问题各抒己见、据理力争、质疑论辩？生生对话是否有理有据？口头、文本等反馈方式能否有机结合？
5. 学习支架：教师是否为学生学习（包括前置学习）提供了资源支持或工具支撑？学业纸、微课程（含课件）等的设计是否科学？能否恰当运用个体、同伴、小组、班级四种学习组织形式？教学情境创设是否科学？教师引领是否到位而不越位？</td><td colspan="3"></td></tr>
<tr><td>产出成果</td><td colspan="2">课堂表现：学生能否做到"三争、三会、三出"（三争：争先、争辩、争理；三会：会倾听、会标记、会梳理；三出：提出独到见解、亮出解题思路、产出思维成果）？
学习成果：学生产出的思维成果（精彩观念、问题解决方案、思维导图等）是否丰富且有创意？课堂预设的目标达成度如何？</td><td colspan="3"></td></tr>
<tr><td>点评</td><td colspan="5"></td></tr>
</table>

注：本表仅适用于"思维碰撞"课堂深化提升、回归本质阶段的教学观察。

四、"思维碰撞"课堂"三大抓手"课堂运用评价表

时间	____月____日　星期____第____节	班级		备注
科目		教师		
学业纸运用	备学能起到课堂活动前置准备的作用	(□能　□一般　□否)		
	学生能提出学习问题并进行组内交流	(□能　□一般　□否)		
	小组内能完成互查互批工作	(□能　□一般　□否)		
	教师能合理运用，与课件相辅相成	(□能　□一般　□否)		
	能有效促进自主、合作、探究活动	(□能　□一般　□否)		
	有利于学生的思维开发和学习质量的提高	(□能　□一般　□否)		
	符合"发、收、批、评、补"要求	(□能　□一般　□否)		
小组学习运用	能根据合作学习原则调整教学内容	(□能　□一般　□否)		
	小组协作在课堂学习中运用明显	(□能　□一般　□否)		
	教师能指导小组合作	(□能　□一般　□否)		
	活动任务、思维练习有利于学生互助合作	(□能　□一般　□否)		
	小组活动分工明确	(□能　□一般　□否)		
	小组活动时学生面对面地交流	(□能　□一般　□否)		
	小组展示能体现出集体讨论的结果	(□能　□一般　□否)		
	学生之间能互相鼓励、互相帮助	(□能　□一般　□否)		
	学生能倾听同学发言、接纳他人意见	(□能　□一般　□否)		
	组际之间能出现良性竞争或辩论	(□能　□一般　□否)		
反馈矫正运用	教师能运用评价引领学生有效倾听和互动	(□能　□一般　□否)		
	教师能总结学生的观点，并发表自己的意见	(□能　□一般　□否)		
	师生能通过承认或改进他人观点促进交流	(□能　□一般　□否)		
	师生能把他人的意见与教材或其他事件相比较	(□能　□一般　□否)		
	教师能及时指出学生的错误观念	(□能　□一般　□否)		
	教师能运用微笑注视避免学生不专心的行为	(□能　□一般　□否)		
	练习、达标检测高效合理	(□能　□一般　□否)		
签字	备课组组长： 分管主任：	级部主任： 分管校长：		

注：本表用于课堂查学巡课，符合请打"√"。

附录

山东省泰安市实验学校校长专访

时间：2011年3月2日

地点：山东省泰安市实验学校校长室

采访对象：山东省泰安市实验学校校长程和方

小记者：张绮航、段兆耀、杨润飞、王丹如

2011年3月2日下午，怀着激动的心情，我们四名小记者步入校长室，代表全校500多位小记者对程和方校长进行采访。

小记者：作为校长，一个人管那么多学生和老师，您累不累？您最大的感受是什么？

程校长：当校长是比较操心，需要考虑到方方面面的事情，但当一个人喜欢做一件事时，他会觉得累吗？我的答案就是我喜欢校长这个岗位，喜欢和同学们在一起，所以不觉得累。

小记者：程校长，现在好多家长都认为考试分数高的学生才算好学生，您怎么看？在您眼里，好学生的标准是什么？

程校长：一个好学生首先应该是个率真的孩子，要诚实，不能欺骗别人，诚实的人才是阳光的人；其次，要保持良好的生活习惯；最后，还要拥有健康的身体和心灵。并不是说成绩不好的学生就不是好学生，只要为之付出努力了，就是好学生。

小记者：老师告诉我们，“让学生阳光、健康、幸福地学习成长”是我校的办学理念，请问您怎么看待“阳光”？

程校长：我认为学生心里应该充满阳光。“阳光学生”应该具有以下五个特质：一是纯真；二是拥有健康的心理；三是善于沟通，有问题要及时与老师、家长或好朋友沟通，否则容易产生摩擦，误解说出来了，心里就亮堂了，也就充满阳光了；四是学会微笑；五是与积极向上的人交朋友。

小记者：您怎么看待“健康”呢？

程校长：人要有一个健康的身体，不论家庭富裕还是贫困，身体都要是健康的，否则就会影响生命的质量，那就谈不上幸福了；另外，要有一颗健康上进的心。

虽然人的一生可分为不同的阶段，但不管怎么说生命的出现都是一个奇迹，我们要敬畏生命。要使生命得到延续，就要保证身体的健康。身体健康就是"1"，财富、荣誉等都是后面的"0"，如果没有健康的身体，这一切就都不存在了。因此，我们要通过积极的锻炼、运动保证身体的健康。在平时的游戏、活动中要注意安全，不要让身体受到伤害。

小记者："幸福"的含义是什么呢？

程校长：第一，"幸福"是一种体验，做任何事都要有目标，实现了目标，就会有成功的满足感，离预定目标越近，幸福感就越强。要根据自己的能力制订目标，一个不易达成的目标不容易带来幸福感。第二，做自己喜欢的事就是幸福的。比如，喜欢美术课，一画画就会感到很幸福。做自己喜欢的事、和自己喜欢的人相处都是幸福的。

小记者：您上学的时候，认为哪些东西对您今天当上校长很重要？

程校长：我认为扎实的文化基础很重要，同时当班干部时培养起来的责任感和使命感也很重要，还有就是对待事情认真的态度和良好的习惯也不容忽视。

小记者：在学校开展的活动中，您最喜欢哪些？

程校长：我最喜欢参与度高、大多数学生都喜欢的活动和对每个学生都有教育意义的活动，如文化大集、科技节创新活动、运动会等。

小记者：您怎么看待学习和活动的关系？二者真的矛盾吗？

程校长：学习和活动是学生成长过程中不可缺少的因素，在少年时代，学生们更喜欢通过活动的方式来学习知识。二者并不矛盾，所学知识要在活动中加以运用、体验、实践，知识只有通过应用才能成为能力。重要的不是掌握了多少知识，而是形成了哪些能力。

小记者：您对学校的未来有什么打算？

程校长：关于学校的未来，我主要从三个方面进行了考虑。

一是文化引领。一所学校是否是名校，首先要看其是否具有厚重的学校文化，其次要看学校的师资水平如何。我们要着力于打造积极向上的、学生喜欢的学校文化，同时要打造一支名师队伍。

二是课程设置。要设计、开发更多的活动类课程，看似在玩，其实在学，这样就能让同学们更加喜欢学习。

三是硬件建设。加强硬件建设，使学校更美观，学生会更喜欢。学校操场的跑道要改为塑胶的，同时完善阅览室、图书室、科技体验室，以给同学们带来全新的感受。

采访十分顺利，程校长的回答也让我们学到了许多课堂上学不到的知识，真可谓"校长一席话，胜读十年书"呀！最后，我们与程校长合影留念。这次采访，相信一定会成为我们一生中永久的记忆！

江苏凤凰教育出版社
《行知工程》系列丛书目录

系列	序号	书　　名	主编	定价
创新教学探索系列	1	《让教学更能激发智慧 ——“思维碰撞”课堂的建构与实施》	程和方	30.00
	2	《让学生把母语用精彩——“语用课堂”的探索与实践》	佘小红	30.00
	3	《“备”出课堂精彩——备学式教学的课堂实践与思考》	张旭兰	30.00
	4	《神奇的阅读教室——带学生踏上美妙的阅读之旅》	李祖文	30.00
	5	《打造有生命力的课堂 ——“两步八环节”教学模式探索与实践》	查联智	30.00
	6	《最能培养学生探究能力的课堂 ——小学科学与信息技术单元整体课程实施与评价》	李怀源	30.00
	7	《最能激发学生运动天赋的课堂 ——小学体育单元整体课程实施与评价》	李怀源	30.00
	8	《最能提升学生艺术素养的课堂 ——小学艺术单元整体课程实施与评价》	李怀源	30.00
	9	《“生命语文”探索——焕发语文生命力的思考与实践》	王自成	30.00
	10	《粘连作文教学：让习作成为有个性的自我建构》	黄瑞夷	30.00
	11	《备学式教学——在体验中建构数学思维》	单广红　范雪梅	30.00
	12	《向着自主进发——自主教育的创新实施智慧》	朱亚红	30.00
	13	《写中学——让学习更有效的学科写作教学》	钟传祎	30.00
	14	《小学科学实验总动员 ——大科学课堂有效提升学生创新力》	江美华	30.00
	15	《小学语文单元整体课程实施与评价》	李怀源	30.00
	16	《小学英语单元整体课程实施与评价》	李怀源	30.00
	17	《小学数学单元整体课程实施与评价》	李怀源	30.00
教育思想者系列	18	《高效教学的道与术——陶继新教育讲演录》	陶继新	30.00
	19	《名校之道——陶继新对话名校长（1）》	陶继新	30.00
	20	《教育，一切从孩子出发》	黄　俭	30.00
精彩课堂系列	21	《从语文素养走向生命成长——小学语文读写课堂教学密码》	曾海玲	30.00
	22	《真实的品德课》	朱淑秀	30.00
	23	《英语课堂学习共同体——新型的师生交互学习场》	杨延从	30.00
	24	《指导自主学习——初中数学学与教的研究与实践》	刘其武	30.00

系列	序号	书　名	主编	定价
精彩课堂系列	25	《玩出精彩的课堂——小学低年级教与学方式转变研究》	陶红松	30.00
	26	《让生命之花自主绽放——语文个性化教学建构策略》	商德远	30.00
	27	《让学生亲历知识 ——主体参与下体验式学习的实施策略》	何世祥	30.00
	28	《给孩子更好的数学课堂》	易增加	30.00
教育管理力系列	29	《缔造唯美教育——延奎小学素质教育实施策略》	易增加	30.00
	30	《让普通学校崛起的 20 个细节 ——“生命为本”教育团队成长密码》	李其玉	30.00
	31	《“走”出教育的精彩：走动式学校管理文化构建》	罗　军	30.00
	32	《校长兵法：学校管理四十六计》	皮大鹏	30.00
教师修炼系列	33	《教育，爱与宽容——教师心灵礼仪修炼》	许力争	30.00
校本研修系列	34	《校本研修资源的开发与利用》	陈朝林	30.00
	35	《校本研修与教师专业成长》	吴积军	30.00
	36	《卓越教师经典研修成长策略》	刘天宝等	30.00
	37	《特色校本课程开发范例解读》	刘永平　李秀伟 张雪梅	30.00
	38	《高效校本研修模型构建艺术》	刘素雁	30.00
	39	《走向实践的教研——中小学教育科研引领与应用》	江　敏	30.00
班级文化系列	40	《活力班级的文化建设》	胡　珏	30.00
	41	《做幸福的班主任》	吕　丽	26.00
教育家核心思想系列	42	《叶圣陶谈阅读》	叶圣陶 著 李怀源 选编	30.00
	43	《多元智能理论的本土化应用》	刘治富	30.00
	44	《大教育家最具施教力的教学思想》	白刚勋	30.00
高效能教学系列	45	《高效能教师的 10 个好习惯（中学卷）》	张　瑾	30.00
	46	《让作文落地生根——提高写作实效的教学策略》	黄桂林	30.00
	47	《高效能作文教学 5 项修炼》	陈步华	30.00
	48	《高效能校长的 10 个好习惯》	张　勤	30.00
	49	《高效能教师的 10 个好习惯（小学卷）》	谢　英	30.00
	50	《高效能语文教学 5 项修炼》	王其华	30.00
新课程探索系列	51	《语文新课程的批判与重建》	葛桂斌	30.00

<table>
<tr><th>系列</th><th>序号</th><th>书名</th><th>主编</th><th>定价</th></tr>
<tr><td rowspan="2">美国名师教学译丛</td><td>52</td><td>《美国名师游戏教学本土化应用：幼儿园》</td><td>（美）玛西娅 L. 泰特 著
胡珍 瞿菁 编译</td><td>30.00</td></tr>
<tr><td>53</td><td>《美国名师游戏教学本土化应用：小学英语》</td><td>（美）玛西娅 L. 泰特 著
杨永华 张心影 编译</td><td>30.00</td></tr>
<tr><td rowspan="4">美国名师教学译丛</td><td>54</td><td>《美国名师游戏教学本土化应用：小学数学》</td><td>（美）玛西娅 L. 泰特 著
谢艳红 编译</td><td>30.00</td></tr>
<tr><td>55</td><td>《美国名师游戏教学本土化应用：小学科学》</td><td>（美）玛西娅 L. 泰特 著
刘丽萍 编译</td><td>30.00</td></tr>
<tr><td>56</td><td>《美国名师游戏教学本土化应用：小学社会》</td><td>（美）玛西娅 L. 泰特 著
姜梅芳 编译</td><td>30.00</td></tr>
<tr><td>57</td><td>《美国名师游戏教学本土化应用：小学音体美》</td><td>（美）玛西娅 L. 泰特 著
尹立志 编译</td><td>30.00</td></tr>
<tr><td rowspan="5">鲁派名师名校·教育探索者系列</td><td>58</td><td>《悦读立人——校园阅读文化体系构建策略》</td><td>杨世臣</td><td>30.00</td></tr>
<tr><td>59</td><td>《教育智慧何处来——一位特级教师的思考手记》</td><td>付立金</td><td>30.00</td></tr>
<tr><td>60</td><td>《和雅文化——校本课程的创新构建》</td><td>汤善香</td><td>30.00</td></tr>
<tr><td>61</td><td>《让个性绽放精彩——学校课程体系整合与创生》</td><td>谢建伟 徐淑萍</td><td>30.00</td></tr>
<tr><td>62</td><td>《让每个学生都幸福——最能润泽生命的学校文化建设》</td><td>谢建伟 张新喜</td><td>30.00</td></tr>
<tr><td rowspan="2">生态化校园系列</td><td>63</td><td>《点燃学习的激情——构建校园生态化学习型组织》</td><td>杨树岳</td><td>30.00</td></tr>
<tr><td>64</td><td>《课改突围——构建学校生态化教学体系》</td><td>杨树岳</td><td>30.00</td></tr>
<tr><td rowspan="6">教育新思考系列</td><td>65</td><td>《语文教育向何处去》</td><td>王 丛</td><td>26.00</td></tr>
<tr><td>66</td><td>《教育，就是做好普通的事》</td><td>孙志毅</td><td>27.00</td></tr>
<tr><td>67</td><td>《走出语文的偏见——让学生体悟文本的原义》</td><td>丛智芳</td><td>30.00</td></tr>
<tr><td>68</td><td>《让语文教学更高效——批注式阅读教学探索》</td><td>韩中凌</td><td>30.00</td></tr>
<tr><td>69</td><td>《读写互促——探寻学以致用的语文教学》</td><td>曹 龙</td><td>30.00</td></tr>
<tr><td>70</td><td>《跳出数学教数学——用文化融通数学教学》</td><td>马建秀</td><td>27.00</td></tr>
<tr><td rowspan="5">名师感悟系列</td><td>71</td><td>《让心灵伴着歌声成长——22位音乐名师的教育智慧》</td><td>陈 璞</td><td>30.00</td></tr>
<tr><td>72</td><td>《超越自我的教师——32位名师的成长感悟》</td><td>李卫东 李秀伟</td><td>35.00</td></tr>
<tr><td>73</td><td>《心灵的守护者——19位名班主任的教育智慧》</td><td>王晓松 曲文弘</td><td>30.00</td></tr>
<tr><td>74</td><td>《名师感悟班主任有效工作艺术90例》</td><td>符礼科</td><td>30.00</td></tr>
<tr><td>75</td><td>《名师感悟有效教学90例》</td><td>林高明 徐玉烟</td><td>30.00</td></tr>
<tr><td rowspan="2">信息化教学系列</td><td>76</td><td>《巧用白板教语文——信息技术与语文教学操作指南》</td><td>蒋丽清</td><td>30.00</td></tr>
<tr><td>77</td><td>《跨越式实现高效课堂
——信息技术与课程整合高效教学方案评析》</td><td>陈玲 刘禹</td><td>30.00</td></tr>
</table>

系列	序号	书　　　名	主编	定价
教师必读系列	78	《教师必学的 16 堂修养课》	武宏伟	30.00
	79	《教师不可不知的教学心理效应》	叶勇军	30.00
	80	《班主任不可不知的管理效应》	奚一琴	30.00
	81	《教师不可不知的教育心理效应》	孙　媛	30.00
教师必读系列	82	《校长不可不知的管理效应》	谢申刚　张金豹	30.00
	83	《成为好教师的 7 项修炼》	王福强　李维华	30.00
	84	《如何让学生会学习》	龙　冰	30.00
	85	《如何让学生爱学习》	周震宇　许小燕	30.00
核心教学主张系列	86	《新生代语文名师核心教学主张》	许友兰	30.00
学生心理解码系列	87	《孩子问题行为一点通 ——只有好老师才知道的学生心理谜底》	严育洪	30.00
教育求索系列	88	《思政教学的人文力量》	戴晓华	30.00
	89	《师道新说——给教育者的 30 条箴言》	徐　卫	30.00
行思讲坛系列	90	《灵动而朴素地教语文——潘文彬的微格教育生活》	潘文彬	30.00
	91	《师爱无疆——润泽学生心灵的教育故事》	侯忠彦	30.00
	92	《怎样反思更有效——促进教师专业发展的反思策略》	诸贝贝	30.00
	93	《成为高度自觉的教育者——写给后课标时代的数学教师》	许卫兵	30.00
	94	《哲思数学课》	刘全祥	30.00
	95	《智慧数学课——黄爱华教学思维的实践策略》	黄爱华	30.00
	96	《童趣数学课》	徐　芳	30.00
	97	《把学生教聪明》	严育洪	30.00
	98	《教师最应该规避的教育误区》	杨坤道	30.00
	99	《用语文的方式教语文——潘文彬教学主张与实践智慧》	潘文彬	30.00
	100	《怎样让阅读教学更有效 ——提升教学能力的十种读诵模式》	汪秀梅	28.00
	101	《让生命在润泽中起舞——当代小学生最需要的主题班会》	吴联星　罗　琳 冯卫东	30.00
	102	《让生命欢快拔节——当代中学生最需要的主题班会》	冯卫东　吴联星	30.00
	103	《课堂因生成而精彩——高效教学的生成智慧》	张文质	30.00
	104	《回到每一个人的生命化教育 ——张文质二甲中学教育行动录》	张文质	30.00

系列	序号	书名	主编	定价
中国教育变革之路丛书	105	《百年树人师何为——教师队伍建设困顿与出路》	将丽珠 李玉向	30.00
	106	《入园何时不再难——学前教育困惑与抉择》	曾晓东 范 昕 周 慧	30.00
	107	《三尺书桌何处寻——流动人口子女教育困难与破解》	范先佐	30.00
中国教育变革之路丛书	108	《苦旅何以得纾解——高考改革困境与突破》	郑若玲	30.00
	109	《择校纠结何时了——择校问题困局与治理》	曾晓东 周文海 曾娅琴	30.00
创新教学思想系列	110	《“大问题”教学的形与神》	黄爱华 张文质	30.00
校长领导力系列	111	《高品质学校生长要素》	王益民	30.00
	112	《校长高校教学领导力提升策略》	徐世贵 郭文帮	30.00
教育漫笔系列	113	《课堂，诗意地栖居》	吴书华	30.00
新思维系列	114	《教育中的“不一定”——打破教育的19种思维惯式》	严育洪	30.00
教学提升系列	115	《有思想地教阅读——让学生学会品读文字真意》	王学东	30.00
教育艺术提升系列	116	《藏在师生体态语言里的教学智慧》	张 宇 廖生波	30.00
教学全手册系列	117	《小学习作教学全手册》	郭家海	30.00
	118	《中学写作教学全手册》	郭家海	30.00
	119	《情境教学操作全手册》	冯卫东	35.00
	120	《合作教学操作全手册》	李春华	35.00
	121	《探究教学操作全手册》	周新桂	35.00
	122	《自主教学操作全手册》	诸葛彪	35.00
	123	《创新教学操作全手册》	王 玮	35.00
	124	《班主任工作全手册》	刘沛华	35.00
	125	《新教师工作全手册》	周震宇	35.00
	126	《学生心理健康教育全手册》	刘海莉 刘春杰	35.00
	127	《高效教学操作全手册》	马友平	35.00

系列	序号	书名	主编	定价
创新人才培养系列	128	《创新人才培养校园科普精品课程开发与指导——人大附中创新人才培养》	罗　滨	30.00
	129	《创新人才培养特色校本课程开发与创新人才培养——清华附中“国际安全下的科学技术”课程构建与实施》	王殿军　方　研 赵宏雁	30.00
	130	《创新人才培养：学校实验室建设与管理》	刘克文 杨发丽　杨　平	30.00
	131	《创新人才培养：数学探究活动开发与指导》	马云朋　韩继伟	30.00
	132	《创新人才培养：化学研究活动开发与指导》	王　磊	30.00
	133	《创新人才培养：物理探究活动开发与指导》	廖伯琴	30.00
	134	《创新人才培养：地理探究活动开发与指导》	张建珍　陈　澄	30.00
	135	《创新人才培养：生物探究活动开发与指导》	张迎春	30.00
	136	《创新人才培养：理念探索与思维突破》	王晶莹	30.00
新生代通派名师系列	137	《简约数学教学》	许卫兵	30.00
	138	《语文教学的本真——情意课堂展现母语之美》	吴建英	30.00
	139	《语文课堂的理想追求——欢快达成三维目标》	董一红	30.00
	140	《阅读教学的真髓——意象构建读出文学的真美》	祝　禧	30.00
	141	《美术教育的真谛——审美人生教育让生命绚丽成长》	陈铁梅	30.00
	142	《语文教学的理想境界——无痕教学润泽生命》	李　凤	30.00
	143	《儿童作文的本义——嬉乐作文让儿童乐并成长着》	王笑梅	30.00
	144	《名师是怎样炼成的》	王建明　王笑君	35.00
幼师成长系列	145	《幼儿行为背后——教师如何读懂幼儿的心思》	吴亚英	30.00
	146	《最具教育力的 22 种幼儿教育思想》	杨　达	30.00
	147	《幼儿教师必知的安全应急措施》	杨　达	30.00
	148	《幼儿教师必备的教育技能》	李　玲	30.00
	149	《卓越园长 21 条幼儿园管理策略》	周　丹　江东秋	30.00